Désirée von Grünigen
DIE BLUME, DIE EINE NELKE IST
Die Geschichte meiner Grossmutter Azaduhi

***

A FLOWER CALLED CARNATION
The Story of my Grandmother Azaduhi

Désirée von Grünigen (*1994)
Die vorliegende Arbeit wurde 2012 in der Klasse 6b der Kantonsschule Hohe Promenade Gymnasium Zürich als Maturarbeit eingereicht. Betreuer: Herr Alfons Struzek und Frau Mirella Frey

Désirée von Grünigen

DIE BLUME,
DIE EINE NELKE IST

Die Geschichte
meiner Grossmutter Azaduhi

© Désirée von Grünigen 2015
Umschlaggestaltung: Peter Schneller
Englische Übersetzung: Daniel Grotzky
Herstellung und Verlag:
BoD - Books on Demand, Norderstedt
ISBN 978-3-7347-7974-9

Կը ձօնեմ
Ազատուհի
մեծ մայրիկիս

Für meine Grossmutter
Azaduhi

Alles hat seine Zeit
und jedes Vorhaben unter dem Himmel hat
seine Stunde

Geborenwerden und Sterben
Weinen und Lachen
Suchen und Finden
Reden und Schweigen
Lieben und Hassen
Krieg und Frieden

Aus der Bibel: Kohelet 3,1 - 8

Vorwort	8
Hajastan	11
Wie Nazeli überlebte	15
Azaduhi und Haygaz – eine Liebesgeschichte	36
Die Zeit steht still	53
Anhang	55

English Part:

A Flower Called Carnation	61
Preface	62
Hajastan	64
How Nazeli survived	68
Azaduhi and Haygaz – a love story	85
Time stands still	97

Vorwort

Die Geschichte meiner Halbgrossmutter, die das Massaker an den Armeniern überlebt hatte, erfuhr ich bruchstückweise aus verschiedenen Quellen. Die Geschichte wurde in unserer Familie weitererzählt. Der Mann meiner Tante schrieb zudem die wichtigsten Fakten aus ihrem Leben auf vier Seiten auf. Nach dem Lesen dieser Aufzeichnungen stellten sich mir mehr Fragen als zuvor. Ich beschloss, mehr über das Leben meiner Halbgrossmutter und über die Geschichte Armeniens zu erfahren und aufzuschreiben. Was mündlich weitererzählt wird, vergisst man schnell. Aus diesem Grund machte ich mich in einem zweiten Teil daran, auch die Geschichte meiner kürzlich verstorbenen Grossmutter aufzuschreiben, bevor sie in Vergessenheit gerät.

Ich war immer stolz halb Armenierin zu sein, etwas Spezielles, das die Leute nachfragen liess: „Was? Woher kommst du?" Doch rückblickend muss ich gestehen, dass ich früher kaum Notiz vom Schicksal meiner Verwandten genommen hatte.

Die Maturarbeit bot die perfekte Gelegenheit, mich jetzt mit der Geschichte Armeniens auseinanderzusetzen. Viele haben mich bei dieser Arbeit unterstützt, und ohne die Hilfe der Auskunftspersonen wäre dieser Aufsatz nicht zustande gekommen.

Ich erwähne

- *Garbis Kiremidjian*, der Nazelis Geschichte auf Englisch aufgeschrieben hat
- *Silva* Sarafian, die mir Einzelheiten zu Nazelis Biografie weitergab
- Suzan Ayvaz, die Nelke!
- Yercanik Hacikirkorian, die mir Azaduhis Geschichte erzählte
- Dr. Sarkis Karanfil, der Einzelheiten zu Azaduhis Geschichte beisteuerte.

Mein Dank für die Unterstützung und Hilfe bei den Korrektur-, Redaktions- und Layout-Arbeiten geht an

- *Georges* Galey, meinen Vater
- Agavni von Grünigen, meine Mutter
- Dr. Hanspeter Homberger, meinen Onkel
- Manon Homberger, meine Cousine
- Herrn A. Struzek, meinen Lehrer und Hauptbetreuer dieser Arbeit
- Frau M. Frey, meine Geschichtslehrerin und Korreferentin.

***

Dieser Aufsatz ist ein Versuch, Antworten auf meine Fragen über das Massaker an den Armeniern zu finden und die Geschichte meiner Grossmutter und ihrer Halbschwester auf Papier festzuhalten. Bevor Sie aber in die Geschichte meiner Verwandten eintauchen, möchte ich Sie auf einen kleinen Abstecher durch die armenische Geschichte mitnehmen.

***

Hajastan

Armenische Mythen erzählen von einem heldenhaften Stammvater namens Hajk, der die Armenier von Mesopotamien zum Wan-Becken führt, wo das armenische Volk sich auf den Ruinen des Urartu-Reiches am Fusse des Berges Ararat niederlässt. Dieser wird zu ihrem heiligen Berg, den sie in ihrer Sprache „Masis" nennen.[1] Historisch belegt ist, dass die Armenier eine ethnische Volksgruppe sind, die sich aus der Bevölkerung des Urartus-Reichs bilden. Erste Inschriften, die dieses neue Volk als Armenier benennen, entstehen ungefähr in den Jahren 560-480 vor Christus.[2]

Im Verlauf der Geschichte ist Vorderasien immer wieder Schauplatz von Kriegen und Eroberungszügen, aber die Armenier lassen sich nie ganz vertreiben. Und auch heute noch bewohnen sie dieses Gebiet, auch wenn die heutige armenische Republik zu einem kleinen Fleck auf der Weltkarte geschrumpft ist.[3]

In seiner frühen Geschichte wird Armenien, das von seinen Einwohnern bis heute „Hajastan" genannt wird, von den Persern regiert. Seine Kultur wird zu dieser Zeit

---

[1] (Quelle: „Annäherung an Armenien - Geschichte und Gegenwart", Hofmann, S.25)
[2] (Quelle: Ebd., S.23)
[3] (Quelle: „Tabu Armenien - Geschichte eines Völkermords", Ternon, S.13-27)

dementsprechend von der persischen stark beeinflusst. Anfang des vierten Jahrhunderts vor Christus marschiert Alexander der Grosse in Vorderasien ein, was das Ende des Persischen Reiches bedeutet. Alexander bringt die griechische Kultur in das Gebiet.[4] Weitere Herrscherwechsel folgen, bis Armenien cirka 189 vor Christus seine Freiheit wieder zurück erlangt. Nun herrschen wieder armenische Könige über „Hajastan". Armenien trennt sich in zwei Teile: Gross- und Kleinarmenien. Doch der Monarch Tigran der Zweite vereint 95 vor Christus die beiden Teile wieder, und so bricht das glorreichste Kapitel Armeniens an; Tigran der Zweite beherrscht nun den Mittleren Osten. Das Machtgebiet erstreckt sich über Mesopotamien, Syrien, Palästina, Kilikien bis nach Kappadokien.[5]

Die Herrschaft der Armenier über dieses Reich ist nicht von langer Dauer, denn nun erobert Rom das gesamte Gebiet. Jedoch bleibt das nun wieder kleine Armenien zumindest formal unabhängig. Die Römer aber bestimmen die Statthalter. Es folgt der Frieden zwischen Rom und Armenien, wobei Armenien den Römern als „Pufferstaat" für Angriffe feindlicher Bergstämme dient.[6]

In den Jahren nach Christi Geburt gelangt die christliche Religion nach Armenien. Zu Beginn werden ihre Anhänger verfolgt und getötet, weil Rom immer

---

[4] (Quelle: Ebd., S.14-15)
[5] (Quelle: „Annäherung an Armenien - Geschichte und Gegenwart", Hofmann, S.28)
[6] (Quelle: Ebd., S.30)

noch die Könige bestimmt, die über Armenien herrschen. Zu der Zeit als das Christentum von Syrien und Kappadokien nach Armenien gelangt, herrscht in Rom Kaiser Diocletian, der für seinen Hass den Christen gegenüber bekannt ist. Erst im Jahr 311 nach Christus wird das Christentum von den neuen Herrschern Roms anerkannt.[7]

Nach armenischer Überlieferung heisst es, dass der damalige König Trdat der Dritte, der von Diocletian eingesetzt wird, sich bekehrt und das Christentum 301 nach Christus zur neuen Religion seiner Untergebenen erklärt. Die Armenier sind somit nach ihrem Verständnis das erste Volk der Geschichte, das den christlichen Glauben einheitlich annimmt.[8]

Die Christianisierung wird, nach der Absetzung Diocletians, mit Gewalt durchgesetzt. Wer sich nicht bekehrt, wird gefoltert, vertrieben oder getötet.[9]

Der nächste Meilenstein in der Geschichte Armeniens ist die Entstehung des armenischen Alphabets im vierten Jahrhundert. Bis dahin war das Armenische eine ungeschriebene Sprache. Der Mönch Mesrop Maschtoz entwickelt das armenische Alphabet und übersetzt kurz darauf die Bibel in die Nationalsprache.[10]

Immer wieder versuchen arabische Stämme, die im 7. Jahrhundert Kleinasien erreichen, das Volk der Arme-

---

[7] (Quelle: Ebd., S.32)
[8] (Quelle: Ebd., S.32)
[9] (Quelle: „Tabu Armenien - Geschichte eines Völkermords",Ternon, S.16)
[10] (Quelle: „Annäherung an Armenien - Geschichte und Gegenwart", Hofmann, S.33)

nier zum Islam zu bekehren, jedoch ohne Erfolg. 1045 kommen die Griechen und besetzen Armenien erneut.[11] Und der nächste eroberungslustige Stamm ist nicht weit. Armenien wird sozusagen von Hand zu Hand gereicht. Viele Armenier fliehen aus „Hajastan" vor der Unterdrückung.[12]

Es beginnt die Zeit der Kreuzzüge, in der Armenien wieder zu einem Königreich wird. Im damaligen Fürstentum Armenien empfängt man die Kreuzritter mit offenen Armen, und es gewinnt so die Gunst der europäischen Länder. Anfang des 16. Jahrhunderts beginnt die Herrschaft der Osmanen, unter der die Armenier lange leiden werden.[13]

Nach dem ersten Weltkrieg wird im Vertrag von Sèvres (Frankreich) die Unabhängigkeit Armeniens beschlossen. Weil aber nicht alle Länder, die am Vertrag beteiligt sind, diesen auch unterzeichnen, wird er nie rechtskräftig. 1920 wird Armenien zwischen der Türkei und Russland aufgeteilt. Der Osten Armeniens geht an Russland, der Rest an die Türkei. Der ostarmenische Teil ist identisch mit der heutigen Republik Armenien, die am 21. September 1991 ihre Unabhängigkeit erlangt.[14]

---

[11] (Quelle: „Tabu Armenien - Geschichte eines Völkermords", Ternon, S.18)
[12] (Quelle: Ebd., S.18-21)
[13] (Quelle: Ebd., S.20-21)
[14] (Quelle: „Geoepoche", S.147)
  (Quelle: http://de.wikipedia.org/wiki/Vertrag_von_Sèvres)
  (Quelle: http://www.uni-protokolle.de/Lexikon/Vertrag_von_S%E8vres.html)

Wie Nazeli überlebte

Nazeli, die Halbschwester meiner Grossmutter, ist erst siebenjährig als die Armenier ihres Dorfes versammelt und von den Gendarmen zu den Massakerfeldern gebracht werden. Nazeli versteckt sich,

wie es ihr von ihrer Grossmutter befohlen worden ist, unter deren Rock, bis die Mörder ihre abscheuliche Arbeit beendet haben und die Felder verlassen.

Ausserdem hat Nazelis Grossmutter sie ermahnt, Wasser aus dem Fluss zu trinken, nachdem sie aus ihrem Versteck herausgekommen sei, und sich dann

im Heustock nahe den Feldern zu verstecken. Nazeli tut genau das und überlebt so das Massaker.

***

Das Massaker an den Armeniern, das Nazeli überlebte, ereignete sich 1915, ein halbes Jahr nachdem das Osmanische Reich in den Ersten Weltkrieg eingegriffen hatte.[15]

Die Massenvernichtung der Armenier lag einer festen Planung zugrunde.[16] *Aus verschiedenen Dörfern und Städten wurden nacheinander die armenischen Familien überfallartig, manchmal zuerst Männer und danach Frauen und Kinder, manchmal auch nicht getrennt, von Gendarmen zusammengetrieben. Die Menschen hatten meist keine Zeit, ihr Hab und Gut zusammenzupacken. Von ihren Wachen wurden sie nun auf Umwegen, die möglichst nicht an den grösseren Städten vorbeiführten, in die Konzentrationslager eskortiert. Auf diesen Deportationen, die sie meistens zu Fuss zurücklegen mussten, wurde ihnen Wasser und Nahrung verweigert. Bei Zwischenhalten wurden zum Teil wahllos kleinere Gruppen von Armeniern exekutiert. Die Armenier, die den Marsch in die Endlager überlebten, wurden dort vom Elend der dort bereits angekommenen Armenier „begrüsst". In diesen*

---

[15] (Quelle: „Annäherung an Armenien - Geschichte und Gegenwart", Hofmann, S.94)
[16] (Quelle: „Geoepoche"S.137)

Endlagern wurden auch noch die letzten Überlebenden getötet.[17]

Dies war aber nicht das erste Mal, dass Armenier von Osmanen verfolgt und getötet wurden. Schon Ende des neunzehnten Jahrhunderts starben zehntausende Armenier unter osmanischer und kurdischer Hand.[18]

Die Frage, weshalb so viele Armenier sterben mussten, ist nicht vollständig zu beantworten. Man kann Erklärungsansätze suchen und sich so Antworten annähern. Es wäre aber überheblich zu behaupten, es gäbe eine „objektive" Begründung. Auch monokausale Antworten gibt es nicht. Ein wichtiger Grund war aber sicher der jahrzehntelange religiöse Konflikt zwischen zwei Völkern, den Osmanen und den Armeniern.[19] *Ihr jeweiliges Verständnis des Islams und des Christentums machte sie zu Feinden im Geist.*

Die armenische „Masse" im osmanischen Reich schien in den Augen der Regierung eine Bedrohung zu sein, obwohl sie eine Minderheit darstellte.[20] *Aber wovor fürchteten sich die Osmanen? Vielleicht davor, dass die Armenier unabhängig werden könnten oder die Macht an sich reissen wollten? Dafür waren sie jedoch eine zu kleine Gruppe. Sie wollten nur Gleichbe-*

---

[17] (Quelle: „Tabu Armenien - Geschichte eines Völkermords", Ternon, S. 145-168)

[18] (Quelle: Ebd., S.73-88)

[19] (Quelle: Ebd., S.137)
(Quelle: „Annäherung an Armenien - Geschichte und Gegenwart", Hofmann, S.87)

[20] (Quelle: „Tabu Armenien - Geschichte eines Völkermords", Ternon, S.139)

rechtigung und Religionsfreiheit, und dafür setzten sie sich auch ein.[21] *Das Osmanische Reich war jedoch schon im Begriff zu zerbröckeln und deshalb stellte jede Minderheit, die der Regierung nicht bedingungslose Treue entgegenbrachte, eine Bedrohung für das Imperium dar.*[22] *Da sich aber das armenische Volk für seine Rechte einsetzte, galt es nicht gerade als treu ergeben.*

***

Ich hatte leider nie die Gelegenheit, die Halbschwester meiner Grossmutter kennen zu lernen. Auch wusste ich lange nicht, wie sie aussah, bis ich für meine Arbeit eine Fotografie von ihr fand. Vorher glich sie in meiner Vorstellung sehr meiner Grossmutter: volle graue Haare auf Schulterlänge, kleine Statur, faltiges, ein vom Leben gezeichnetes Gesicht.

Sie hätte sicher meine vielen Fragen beantworten können. Gerne hätte ich sie gefragt, ob sie die Erlebnisse ihrer Kindheit verarbeitet habe, und wenn die Antwort „ja" gewesen wäre, wie es ihr überhaupt möglich gewesen war, mit diesen Ereignissen fertig zu werden. Sie war dabei, als ihre Grossmutter enthauptet wurde und sah kurz darauf, wie ich noch erzählen werde, auch ihren eigenen Onkel sterben. Eine unglaublich grausame, ja für mich ganz unvorstellbare

---

[21] (Quelle: „Annäherung an Armenien - Geschichte und Gegenwart", Hofmann, S.86)
[22] (Quelle: Ebd., S.92-93)

Erfahrung. Das Lesen ihrer Geschichte rief in mir einen Hass gegen die Verantwortlichen und Vollzieher des Massakers hervor und ein Gefühl von Hilflosigkeit. Die damals siebenjährige Nazeli war machtlos und alleine.

***

Die Armenier hatten im Osmanischen Reich keine Verbündeten. Andere Länder mischten sich nicht in die Entscheidungen der Regierung ein. Viele Regierungen in aller Welt wussten um die Schandtaten, die den Armeniern zugefügt wurden. Wichtiger aber war es, sich mit den Türken gut zu verstehen. Der deutsche Reichskanzler Theobald von Bethmann Hollweg erklärte: „Unser einziges Ziel ist, die Türkei bis zum Ende des Krieges an unserer Seite zu halten, gleichgültig ob darüber Armenier zugrunde gehen oder nicht."[23]

Der Erste Weltkrieg begann; ein „guter" Zeitpunkt für die „Säuberung" im Osmanischen Reich. Es war Zeit, sich für „Randgruppen" einzusetzen.[24] Erst nach Kriegsende eilten die Sieger den Armeniern – vor allem den übrig gebliebenen Waisen – zu Hilfe.[25]

Der Genozid an den Armeniern forderte zirka 1'200'000 Opfer. Die meisten davon starben auf den sogenannten „Todesmärschen".[26] Viele wurden auf

---

[23] (Quelle: „Geoepoche", S.142)
[24] (Quelle: „Annäherung an Armenien - Geschichte und Gegenwart", Hofmann, S.106)
[25] (Quelle: „Geoepoche", S.145 Bildquelle)
[26] (Quelle: „Tabu Armenien - Geschichte eines Völkermords", Ternon, S.207-208)

dem Weg zu den Zwischenlagern getötet, was offenbar dem Plan der Regierung entsprach. Andere starben an Hunger oder Erschöpfung und viele verdursteten. Geschätzte 700'000 Armenier verloren auf dem Weg in den Norden Syriens ihr Leben.[27] Völlig ausgehungert und ohne Wasser wurden sie von türkischen Aufsehern durch die Wüste getrieben, denn „[...] es sollte nur ein Minimum in den Konzentrationslagern ankommen, d.h. die Wüste Mesopotamiens erreichen. Die planmässige Dezimierung der Konvois musste also unterwegs durchgeführt werden."[28]

Aus der gleichen Quelle stammen auch die zwei folgenden Zitate: „Die Strasse von Meskene nach Deir es-Zor sah aus wie ein Schlachtfeld." Und „In Deir es Zor, am Ende der Todesstrasse, gab es keine Armenier mehr. Man hatte sie alle umgebracht."[29]

Der türkische Innenminister Talat im Gespräch mit US-Botschafter Henry Morgenthausen, Anfang August 1915: „Wir werden keine Armenier mehr irgendwo in Anatolien dulden. Sie können in der Wüste leben, aber sonst nirgendwo."[30]

***

---

[27] (Quelle: „Geoepoche", S.146)
[28] (Quelle: „Tabu Armenien - Geschichte eines Völkermords", Ternon, S.164)
[29] (Quelle: „Tabu Armenien - Geschichte eines Völkermords", Ternon, S.205 und 207)
[30] (Quelle: „Geoepoche", S. 138)

Während des Lesens fragte ich mich, was einen derartigen Hass in den Türken gegen die Armenier geschürt haben könnte, dass sie mit Säbeln und Messern, Steinen, Gewehren und mit blosser Hand so viele Armenier töteten. Ich las von Aufständen und Terroranschlägen und von revolutionären Armeniern, die gegen osmanische Beamte vorgingen. Die Revolutionäre kämpften für einen eigenen Staat und machten sich damit bei der türkischen Bevölkerung mehr als nur unbeliebt. Es gab also auch armenische Gewaltakte, aber das ist keine Rechtfertigung.

Es gibt keine Rechtfertigung für einen Völkermord!

Eher zufällig stiess ich auf eine Information[31] über die Herkunft gewisser Täter. Anscheinend wurde eine Sonderorganisation von zirka 30'000 Bewaffneten gegründet. Sie wurden nicht ausgebildet um Krieg zu führen, sondern nur um zu töten. Man wählte Kurden, Flüchtlinge aus dem Balkan und auch Gewaltverbrecher.

Ein weiterer Grund war der Hass muslimischer Flüchtlinge aus Russland. Diese wurden dort von den Christen vertrieben und umgebracht. Ein letzter Grund: Die türkische Propaganda gab den Armeniern alle Schuld für die wirtschaftlich und politisch schlechte Lage des Reiches.

---

[31] (Quelle: „Annäherung an Armenien - Geschichte und Gegenwart", Hofmann, S.93)

Es gab aber durchaus auch Türken, die nicht bereit waren, Armenier umzubringen. Die Gouverneure von Ras-ul-Ain und Deir es-Zor zum Beispiel. Sie hatten den Befehl, die deportierten Armenier zu töten, widersetzten sich aber. Beide Gouverneure wurden abgesetzt.[32] Ihr weiteres Schicksal ist mir unbekannt.

Es besteht kein Zweifel, dass der Genozid von der Osmanischen Regierung geplant war. Es wurden aber keine Papiere gefunden, auf denen ein direkter Befehl der Regierung zum Massaker an den Armeniern gegeben wurde.[33] Es wurden Lager errichtet und die Routen für die sogenannte Umsiedelung festgelegt. Systematisch wurden zuerst die intellektuellen Armenier umgebracht, die hohe Posten in der Verwaltung besetzt hatten, dann wehrfähige Männer und Knaben und zuletzt Frauen und Kinder.[34]

Die Grossmutter meiner Halbgrossmutter starb, wie ich aus dem Lebenslauf ihrer Enkelin entnahm, an einem See. Der genaue Ort ist unbekannt. In meinen Recherchen stiess ich jedoch auf einen Bericht eines US-Konsuls, der von einem Massakerfeld nahe des Gölcük-Sees berichtete.[35] Ich kann also nur vermuten, dass auch sie eine der unzähligen Leichen war, die

---

[32] Zwei Ortschaften im heutigen Syrien, in denen sich Todeslager befanden.
[33] (Quelle: „Tabu Armenien - Geschichte eines Völkermords", Ternon, S.168)
[34] (Quelle: „Annäherung an Armenien - Geschichte und Gegenwart", Hofmann, S.98)
[35] (Quelle: „Geoepoche", S.140)

gemäss Bericht des amerikanischen Beamten am Seeufer lagen.

***

Als Nazeli unter dem Rock ihrer Grossmutter hervorkriecht, sieht sie die vielen toten Körper um sie herum. Sie entdeckt auch ihren Onkel. Er lebt noch. Sein Hals ist jedoch halb durchtrennt. Er bittet Nazeli um Wasser. Sie versucht, die Hände zu einer Schale geformt, Wasser aus dem Fluss zum Onkel zu bringen, aber als sie bei ihm ankommt, sind ihre Hände bereits leer. Er stirbt.

Zwei Nächte versteckt sich Nazeli in einem Heuhaufen, trinkt das blutige Wasser aus dem Fluss und isst das nasse Korn vom Feld. Am dritten Tag hören ein Bauer und seine Frau Nazeli weinen, als sie am Feld vorbeigehen. Nazeli fleht den türkischen Bauern an, sie nicht zu töten. Sie ruft immer und immer wieder: „Onkel, bitte töte mich nicht." Die Frau des Bauern bittet ihn, das Kind zu verschonen. Sie überzeugt ihn, dass sie Nazeli wie ein eigenes Kind aufziehen sollten, was sie dann auch tun.

Armenier, die nicht zum Islam konvertiert sind, in einen türkischen Haushalt aufzunehmen, wird von der Regierung mit dem Tode bestraft. Der Bauer und seine Frau nehmen das Risiko dennoch auf sich und behalten Nazeli bei sich.

***

Der Quelle zufolge ging es Nazeli in der türkischen Familie gut und sie wurde wie eine Tochter behandelt. Haben wohl viele Familien Armeniern Zuflucht gewährt und so ihr Leben für sie riskiert? Ich stiess auf Indizien, dass es einige Familien gab, die Armenier schützten.[36]

***

So erklärte der türkische General Mahmud Kamil Pascha, Kommandeur der 3. Armee: „Ein Muslim, der einen Armenier beschützt, soll vor seinem Haus exekutiert und sein Heim niedergebrannt werden."[37]

„Nur wenige Armenier, die man als vermeintlich Tote im Strassengraben hatte liegen lassen, konnten sich bei hilfsbereiten Menschen verstecken; manchmal kauften Europäer den türkischen Soldaten junge Mädchen ab."[38]

Die Regierung versuchte mit allen Mitteln, die Morde an den Armeniern zu vertuschen. Regeln wurden aufgestellt; zum Beispiel wurde das Fotografieren von Deportierten verboten. Ein zweites Beispiel: Die Regierung hatte anfangs vorgesehen, die Kinder unter 15 Jahren zu verschonen, dann widerriefen sie diese Regel und setzten das Verschonungsalter bei sieben Jahren an. Es sollten also nur Kinder am Leben gelassen werden, die sich später kaum mehr und vor allem nicht

---

[36] (Quelle: Ebd., S.143)
[37] (Quelle: Ebd., S.138)
[38] (Quelle: „Tabu Armenien - Geschichte eines Völkermords", Ternon, S.199, 120)

genau genug an das Massaker erinnern würden. Eine weitere Massnahme war das Verbot der Eheschliessung zwischen Türken und Armeniern.[39]

***

Die Information über die Verschonung von Kindern ist zwiespältig und unsicher. Mehreren Quellen zufolge sollte das ganze armenische Volk ausnahmslos vernichtet werden. Es ist auch belegt, dass viele Kinder umgebracht wurden. Beispielsweise wurden zirka 1'000 Kindern die Köpfe an Felsen zertrümmert, indem die Gendarmen die Kinder bei den Füssen packten und gegen die Felsen schwangen.[40] Eine armenische Witwe aus Bayburt berichtete: „Am Euphrat warfen die Gendarmen alle noch übrigen Kinder in den Fluss. Die, die schwimmen konnten, wurden erschossen, als sie mit den Wellen kämpften."[41] Gegen die Planung der totalen Ausrottung spricht immerhin, dass Kinder, vor allem Mädchen, verkauft wurden. Ferner wurden Waisenhäuser eingerichtet, in denen die kleinen armenischen Kinder zu „Türken" erzogen werden sollten.

Ich überlegte mir zwei mögliche Erklärungen für die Widersprüche: zum einen wäre es möglich, dass der Befehl zur totalen Vernichtung der Armenier nicht überall ankam, da die Befehlsausgabe hauptsächlich

---

[39] (Quelle: Ebd., S.161-164)
[40] (Quelle: „Geoepoche", S.144)
[41] (Quelle: „Geoepoche", S.146)

mündlich erfolgte – auch dies eine Massnahme zur Verheimlichung. Zum anderen könnte ich mir vorstellen, dass türkische Aufseher die Kinder teilweise zu ihrer Bereicherung verkauften. Nicht ausschliessen möchte ich zu guter Letzt, dass andere aus Mitleid versuchten, sie vor dem Tod zu retten.

***

Nazelis Vater, Armenag Hajikirkorian ist wehrpflichtig in der türkischen Armee. Nach dem Krieg kehren er und sein Freund Khosrof Efendi als eine der wenigen Armenier zurück. Sie suchen zusammen die Dörfer nach seiner Tochter ab. In einem Dorf steht eine Gruppe von Mädchen neben einem Brunnen. Armenag beschreibt ihnen seine Tochter und die Mädchen führen die zwei Männer zum Haus der türkischen Familie, die Nazeli aufgenommen hat.

Nachdem sie ins Bauernhaus eingetreten sind und der Bauer die Tür hinter ihnen abgeschlossen hat, ruft er Nazeli aus ihrem Versteck hervor. Armenag und seine Tochter umarmen sich unter Tränen. Das türkische Ehepaar will Nazeli fast nicht gehen lassen, denn sie hängen an ihr; sie ist zu ihrem Kind geworden. Daraufhin bietet Armenag an, soviel Gold zu zahlen, wie Nazeli wiegt. Die türkische Familie kann dieses Angebot nicht ablehnen und lässt Nazeli mit ihrem Vater ziehen.

***

Viele Armenier kämpften im Krieg auf der Seite der Türken. Im Ersten Weltkrieg waren es schätzungsweise 30'000. Aber auch schon im Balkankrieg von 1912 kämpften Türken und Armenier teilweise gemeinsam. Jedoch war das armenische Volk in beiden Kriegen gespalten. Im Balkankrieg unterstützten viele Armenier die Bulgaren und kämpften damit gegen die Türken. Im Ersten Weltkrieg kämpften etwa 600'000 Armenier an der Seite der Russen; die meisten aber nicht gegen die Türken, sondern an europäischen Fronten.[42]

Die Tatsache, dass Armenier sich freiwillig der russischen Armee angeschlossen hatten – was bedeutete, dass sie Feinde der Türken im Krieg unterstützten – benutzten die Türken später als Rechtfertigung für die Massaker („Verrat am Reich"). Die zweite Hauptrechtfertigung war die sogenannte „Rebellion von Van". In Wahrheit war es keine Rebellion der Armenier, sondern eine Verteidigung. Die Türken belagerten das armenische Viertel in Van. Die Bewohner erhofften sich Hilfe durch die russische Armee. Diese kam auch und besetzte die armenische Hochebene. Doch die Türken drängten die russische Armee zurück. Diese forderten aber die Armenier auf, sich ihnen anzuschliessen, um den Türken und ihrem Regime zu entkommen. Geschätzte 250'000 folgten dem Ruf und verliessen ihr Zuhause. Dies war die

---

[42] (Quelle: „Annäherung an Armenien - Geschichte und Gegenwart", Hofmann, S.95)

einzige grössere Gruppe von Armeniern, die den Genozid überlebte.[43]

***

Armenag war ein bekannter Eisenarbeiter. Eisenverarbeitung war sein Spezialgebiet. Er war sehr wohlhabend. Die Türken wussten um sein Können und brauchten ihn in der Armee. Ich weiss nicht, warum sie ihn nach dem Krieg einfach wieder gehen liessen. Die Informationen, die ich habe, berichten nur davon, dass er als einer von wenigen Armeniern aus dem Krieg zurückkehrte.

***

Armenags Freunde stellen ihn später einer Frau namens Naringul vor, die bereits drei Kinder hat. In Armenags Haus erzählt Naringul Armenag ihre Geschichte: „Sie nahmen mir meinen Mann, bevor meine Jüngste 40 Tage alt war. Die Türken banden alle Männer aus dem Dorf zusammen und brachten sie zum Fluss. Sie enthaupteten alle und warfen die Körper in den Fluss. Ich sah den Mord an meinem Mann mit eigenen Augen."

Viele überlebenden Frauen berichteten davon, dass sie Familienangehörige sterben sahen. Sie hatten keine

---

[43] (Quelle: „Tabu Armenien - Geschichte eines Völkermords", Ternon, S.171-174)

Zeit, sich von ihren Männern, Söhnen, Brüdern zu verabschieden und auch keine Möglichkeit, später an ihr Grab zu gehen. Viele Leichen wurden einfach in den Euphrat geworfen. Diese Massnahme wurde ergriffen, um das Massaker zu kaschieren, denn ohne Leichen war auch kein Genozid nachweisbar. Aber das war nicht gut durchdacht, denn das Wasser wurde verseucht und die Leichen wurden an Land geschwemmt.[44]

***

Nur in einem einzigen Bericht las ich davon, dass die Täter die Toten mit Steinen füllten, damit sie nicht wieder an die Oberfläche gelangten. Irgendwann kam dann der Befehl von der Regierung, die Leichen müssten begraben werden. Es wurden daraufhin namenlose Massengräber ausgehoben und beinahe ein ganzes Volk verschwand im Sand. Die Mörder waren aber oftmals überfordert mit der Zahl der Toten, und so lagen Leichen überall an den Wegstrecken der Deportationsrouten. Es gibt Rapporte von Diplomaten, die von Leichenbergen berichteten.[45]

Dort, wo die von Krankheiten befallenen Armenier, die sich nicht waschen durften, auf ihren Deportationsmärschen durchzogen, breitete sich der Flecktyphus aus. Diesem fielen mehr als eine Million Osmanen zum Opfer. Manche Berichterstatter sahen

---

[44] (Quelle: „Geoepoche", S.140, 144)
[45] (Quelle: Ebd., S.142 Bild)

darin die „geheime Rache" des armenischen Volkes an seinen Peinigern.

***

Nach einer kurzen Pause erzählt Naringul weiter: „Mein Bruder Yesayi erlitt den schlimmsten Tod. Er besass einen Bauernhof im Dorf und war sehr reich. Die Mörder trennten seinen Körper in mehrere Stücke und hängten den Kopf, den Körper, die Beine und die Arme an verschiedenen Stellen seines Gutes auf."

***

Wie gesagt: Yesayi wurde nicht einfach nur umgebracht. Sein Körper wurde verstümmelt, etwas, das typisch war für diesen Genozid. Die Leichen, die überall auf den Umsiedelungsrouten am Wegrand lagen, waren nicht einfach nur tote Körper. Das wäre schon grässlich genug gewesen, aber die meisten Körper waren dazu noch grausam entstellt. Ihnen fehlten Körperteile. Die meisten Leichen waren nackt, weil man ihnen während der „Umsiedelung" nicht nur Geld und Güter, sondern oft sogar ihre Kleider weggenommen hatte.[46]

***

---

[46] (Quelle: Ebd., S.142)

Erst zwischen 1919 und 1920 wurden einzelne Drahtzieher des Genozids zur Verantwortung gezogen. Als verantwortlich für die Gräueltaten wurden der osmanische Innenminister Talat, Kriegsminister Enver und das Ittihad-Zentralkomitee[47] durch die von den Siegermächten einberufenen Sonderkriegsgerichtsprozessen identifiziert. Von insgesamt 17 verhängten Todesurteilen wurden nur drei vollstreckt. Die restlichen zum Tode Verurteilten konnten sich ins Exil retten. Einer davon war Talat. Er kam aber nicht glücklich davon, sondern wurde im Exil von einem Armenier erschossen.[48]

Armenag erklärt sich einverstanden, Naringul zur Frau zu nehmen. Er kümmert sich um die Familie. Nach ein paar Jahren bekommen sie eine gemeinsame Tochter. Sie geben ihr den Namen Yercanig. Sieben Jahre nach ihrer Hochzeit kommt ihre zweite Tochter zur Welt, meine Grossmutter Azaduhi.

Unglücklicherweise stirbt Armenag 10 Jahre nach seiner Heirat mit Naringul. Er hinterlässt sie erneut verwitwet mit der schweren Verantwortung sechs Kinder zu unterhalten.

Zu dieser Zeit kommen Missionare aus Amerika, um Vollwaisen einzusammeln, um sie in Waisenhäuser in Beirut unterzubringen.

---

[47] Das sogenannte „Komitee für Einheit und Fortschritt" war im osmanischen Reich eine der massgebenden Anstifter für den Völkermord an den Armeniern
[48] (Quelle: „Geoepoche", S.147)

***

Ich fragte meine Mutter, ob sie wisse, weshalb die amerikanischen Missionare, die 1920 in der Türkei eintrafen, Waisen unter anderem nach Beirut gebracht hatten und nicht nur in die Vereinigten Staaten. Mit meiner Tante Suzan diskutierte ich auch darüber. Genaues wussten aber beide nicht. Tatsache ist, dass armenische Waisen in verschiedene stabile Regionen im Nahen Osten – zum Beispiel auch nach Zypern – und in den Fernen Osten – so etwa auch nach Pakistan – gebracht wurden. Armenier sind aus diesem Grunde bis heute noch eine sehr zerstreute Gemeinschaft, die hauptsächlich durch ihren christlichen Glauben zusammengehalten wird.

***

Naringul schickt ihre eigene Tochter Nouritsa anstelle von Nazeli zu den Missionaren. Die Kinder werden in eine Reihe gestellt und einzeln gefragt, ob Mutter oder Vater noch am Leben sind. Als Nouritsa an der Reihe ist, sagte sie, dass ihr Vater tot sei, ihre Mutter aber noch lebe. Daraufhin bringen die Missionare sie wieder nach Hause und fragen Naringul, weshalb sie das falsche Kind geschickt habe. Sie antwortete: „Nazelis Vater kümmerte sich zehn Jahre um meine Kinder. Ich konnte sein einziges Kind nicht weggeben. Ich will mich um sie kümmern." Die Missionare machen ihr klar, dass dies nicht möglich sei. Also erklärt sie sich, wenn auch ungern

einverstanden, Nazeli nach Beirut zu schicken, obwohl Nazeli protestiert.

***

Hier tauchte nun das Problem der mündlichen Überlieferung auf. Ich hatte zu diesem Teil der Biographie zwei verschiedene Versionen. Die obige, so erzählt von meiner Grossmutter und auch von ihrer Schwester Yercanig, welche ich mit meiner Mutter und meiner Tante besuchte, um Informationen zu sammeln. Die andere Version stammte von Nazelis Sohn, Sevag Akadjalian:

Meine Grossmutter (rechts) und
ihre Schwester Yercani (links)

***

Naringul hört von den amerikanischen Missionaren und beschliesst, etwas zu unternehmen. Sie wechselt Nazelis Nachnamen und gibt ihr den Nachnamen Keshishian, den sie nach ihrer ersten Ehe annahm, und schickt sie ins Waisenhaus. Nazeli erzählt später ihrem

Sohn, dass sie am Boden zerstört gewesen sei, als ihre Stiefmutter alle ihre Kinder und das Vermögen ihres Vaters behalten und sie aufgegeben hat. Sie erlebt viel Elend in Beirut und arbeitet jeden Tag für Brot und ein paar wenige Oliven. Nazeli wird später in ein anderes Waisenhaus im Libanon geschickt. Ein Junge namens Garo Arzoumanian lebt auch dort, in der Knaben-Abteilung. Nazeli bewundert Garos gütiges Herz und heiratet ihn später. Erst Jahre danach gelingt es Garo endlich, Nazeli zu überzeugen, ihre Stiefmutter zur Hochzeit ihrer ältesten Tochter Anahid einzuladen.

***

Die beiden Versionen stellen ein völlig anderes Verhältnis zwischen Stieftochter und Stiefmutter dar. Ich kann nicht genau sagen, welcher Quelle ich mehr glaube, aber ich neige zur zweiten Version, da Nazeli es selbst so ihrem Sohn erzählt haben soll. Ich kann mir die Tatsache, dass es zwei verschiedene Versionen gibt, so erklären, dass Azaduhi und Yercanig noch sehr jung waren und das Ereignis einfach anders wahrgenommen hatten. Yercanig war zwar schon verheiratet, aber dies schon mit 12 Jahren, womit sie zum Zeitpunkt des Geschehens immer noch ein Kind war.

***

Azaduhi und Haygaz – eine Liebesgeschichte

Meine Grossmutter Azaduhi wird 1923 in Yozgat geboren. Das genaue Datum weiss niemand, nicht einmal meine Grossmutter, denn die damalige Behörde ist nicht sehr zuverlässig und es kommt immer wieder vor, dass ein falsches Geburtsdatum oder ein falscher Nachname auf dem Geburtsschein steht.

***

Als Fünfjährige fragte ich meine Mutter einmal, wann Yaya, wie ich meine Grossmutter Azaduhi nannte, denn Geburtstag habe. Sie erklärte mir, dass sie das genaue Datum nicht kenne. Ich schaute sie völlig verständnislos an. „Wie kann man denn seinen eigenen Geburtstag vergessen?", fragte ich. Irgendeine Erklärung folgte, die ich jedoch nicht ganz begriff. Ich schlug meiner Mutter vor, einfach ein Geburtstagsdatum für Yaya auszuwählen, so dass auch sie einen Tag im Jahr hätte, auf den sie sich freuen könnte, so wie ich und alle anderen. Wir haben uns nie auf ein Datum geeinigt, und ich kann mich nicht daran erinnern, je den Geburtstag meiner Grossmutter gefeiert zu haben. Vielleicht war dies der Grund dafür, dass sie in meinen Augen nicht älter zu werden schien.

Sie war einfach immer da, sass immer am linken Ende ihres braunen Sofas neben dem Telefon. Es war ein Ecksofa, nur dass das Eck des Sofas rund war. Zwischen Sofa und Wand gab es also eine kleine Lücke die gerade gross genug war, um sich als kleines Kind darin zu verstecken. Es war das Lieblingsversteck meiner Cousinen und mir. Jemand verkroch sich immer dort während des Spiels.

Ich setzte mich oft mit Yaya aufs Sofa und sie drückte mir die Fernbedienung des Fernsehers in die Hand; mit Gesten und Mimik erklärte sie mir, dass ich einstellen dürfe, was ich wünsche. Meine Mutter mochte es nicht, dass ich bei meiner Grossmutter immer nur vor dem Fernseher sass, aber Yaya verteidigte mich immer und sagte, sie soll mir die Freude lassen.

***

Das Osmanische Reich war ein Verlierer des Ersten Weltkriegs. Seine Truppen waren besiegt und das Reich bankrott. Die Alliierten, die den Krieg für sich entschieden hatten, besetzten 1920 Istanbul, um über die Führer der Partei der Jungtürken zu richten. Die Jungtürkische Partei war für den Genozid an den Armenier mitverantwortlich, denn sie war es, die den Plan zur Ausrottung entwarf.[49]

---

[49] (Quelle: „Annäherung an Armenien - Geschichte und Gegenwart", Hofmann, S.107-116)

Im Osmanischen Reich entstanden nach dem Ersten Weltkrieg viele Parteien und verschiedene Bewegungen. Eine davon war die nationalistische Befreiungsbewegung, die von Mustafa Kemal angeführt wurde. Sein politisches Ziel war die Gründung einer Regierung gegen den Sultan und die Siegermächte. Es gelang ihm, 1920 ein Parlament auf die Beine zu stellen, und er wurde kurz darauf selbst erster Vorsitzender. Es entbrannten die Kriege zwischen den Truppen Kemals und denen der Griechen. 1922 errangen die Truppen der sogenannten Befreiungsarmee einen endgültigen Sieg über die Griechen, was zu einem neuen Vertragsabkommen zwischen den Alliierten und der Regierung Mustafa Kemals führte. Die Vertreter der beiden Parteien trafen sich in der Schweiz, und die Gebiete wurden im Vertrag von Lausanne neu verteilt. Armenien, dem ursprünglich Ostanatolien zugesprochen worden war, ging leer aus.[50]

***

Meine Grossmutter und ich verstanden uns wunderbar, auch wenn wir uns im konventionellen Sinne eigentlich nicht verstehen konnten. Sie sprach nur Türkisch und verstand ein paar armenische Worte,

---

[50] http://www.tuerkeiteam.de/atatuerk.htm
http://www.tuerkei-abc.de/tuerkische-republik.php
http://www.cap-lmu.de/themen/tuerkei/geschichte/republik.php
http://www.heide-pinkall.de/OsmanischesReich.htm
http://www.cap-lmu.de/themen/tuerkei/geschichte/republik.php
http://www.eslam.de/begriffe/a/atatuerk.htm

ich dagegen verstand beides nur sehr schlecht. Wenn ich mich richtig erinnere, hatten wir trotzdem nie Kommunikationsprobleme.

Ein Mal, während eines Ferienaufenthaltes am Ägerisee, musste meine Mutter für zwei Tage zurück nach Zürich, und ich und meine Grossmutter blieben zusammen im Kurhaus. Ich war sieben Jahre alt. Meine Aufgabe war es, meine Grossmutter zur Arztkontrolle, Gymnastik und Massage zu bringen, was sich alles im Haus abspielte. Weil sie nicht mehr gut gehen konnte, hatten wir ihr einen Rollstuhl organisiert, den ich mit Begeisterung in der Gegend herumschob. Ich „chauffierte" sie also pünktlich zu all ihren Terminen, Blutabnahme, Gymnastik und so weiter und bedeutete ihr mit Händen und Füssen, was die Ärzte sagten, so gut es ging. Den Tag durch half ich ihr und passte auf sie auf. Am Abend aber, als ich nicht schlafen konnte, weil ich meine Mutter vermisste, nahm sie mich in den Arm und kümmerte sich um mich, wie es Grossmütter eben tun.

***

In Yozgat hat die Familie Ländereien. Nach Armenags Tod wird ihnen jedoch alles von den Behörden weggenommen. Als Naringul sich beim Amt beschwert, geben sie ihr als Entschädigung einen Sack Mehl. Ihre zwei Töchter aus erster Ehe und Yercanig, ihre älteste Tochter aus zweiter Ehe, heiraten noch in Yozgat und bleiben dort. Erst später folgen sie der übrigen Familie nach Istanbul. Naringul und die zwei

verbliebenen Kinder, Arsen und Azaduhi, ziehen mit nichts ausser dem Sack Mehl nach Istanbul.

***

Ohne Geld kam die Familie nach Istanbul, und mit einem kleineren Vermögen verliess sie diese Stadt viele Jahre später wieder. Sie arbeiteten hart. Meine Mutter erzählt mir immer davon, wie fleissig meine Grossmutter war. Sie half den Alten und den Armen, lud sie zum Essen ein, half ihnen beim Einkaufen. Einmal in der Woche lud Azaduhi Frauen ein, um zusammen zu beten und Probleme zu besprechen, und einmal in der Woche kochte sie ein warmes Essen für eine blinde Frau. Sie war eine sehr hilfsbereite und grosszügige Person.

***

Nun war es soweit. Nach einer mehr als 600-jährigen Herrschaft der Osmanen neigte sich ihr Imperium dem Ende zu. Am 29. Oktober 1923 wurde die Türkische Republik unter Mustafa Kemal, bekannter unter dem Namen Atatürk,[51] gegründet.
In der neu gegründeten türkischen Republik wurden viele politische Änderungen vorgenommen. Die Politik Atatürks, der sogenannte „Kemalismus", orientierte sich an Europa. Schrift, Kalender und metrisches System

---

[51] Atatürk bedeutet in türkischer Sprache soviel wie „Vater der Türkei".

wurden an den Westen angepasst. Weitere Massnahmen der Regierung waren die Abschaffung des Sultanats und der Scharia. Die Trennung von Staat und Religion war eine der wichtigsten Errungenschaften Kemals. Dem Islam sollte in der neuen türkischen Republik nicht mehr eine so grosse Bedeutung zukommen. Die Gesetze, die 1926 erlassen wurden, entsprachen dem Schweizerischen Zivilrecht; unter anderem die Gleichberechtigung von Mann und Frau.[52]

Naringul und zwei ihrer Kinder gehen zur armenischen Kirche und bitten um Hilfe. Sie werden in ein Gebäude einquartiert, welches extra von Armeniern, die schon in Istanbul leben, für neue armenische Flüchtlinge eingerichtet worden war. Das Gebäude ist eine ehemalige armenische Schule und kann gut als eine Art Flüchtlingslager dienen.

Naringuls Sohn sucht sich sofort Arbeit um Geld zu verdienen, und er eröffnet ein Kaffeehaus. In Istanbul heiratet Arsen. Er und seine Frau ziehen mit dem Rest der Familie in eine grössere Wohnung, welche sich in der Nähe des Kaffeehauses befindet.

Meine Grossmutter will Nonne werden, aber es kommt anders. Azaduhis Mutter ist gläubig und die

---

[52] http://www.tuerkeiteam.de/atatuerk.htm
http://www.tuerkei-abc.de/tuerkische-republik.php
hattp://www.cap-lmu.de/themen/tuerkei/geschichte/republik.php
http://www.heide-pinkall.de/OsmanischesReich.htm
http://www.cap-lmu.de/themen/tuerkei/geschichte/republik.php
http://www.eslam.de/begriffe/a/atatuerk.htm

ganze Familie geht regelmässig zur Kirche. Die Kirche ist sehr wichtig für die Armenier; sie ist das Zentrum der Gemeinschaft. Dort lernt Azaduhi Haygaz kennen, den sie später heiratet.

***

Noch immer haftet mir das Bild meiner Grossmutter mit ihrer kleinen Bibel in der Hand im Gedächtnis. Sie nahm sie überall mit und las darin, auch wenn es mir immer ein Rätsel war, wie sie diese winzige Schrift lesen konnte. Das Lesen und Schreiben der türkischen Sprache hatte sie, die nie die Möglichkeit hatte eine Schule zu besuche, sich selbst beigebracht. Der Grund für diese ausserordentliche Anstrengung war, dass Haygaz für vier Jahre ins Militär eingezogen wurde, und Briefe waren das einzige Kommunikationsmittel.

Azaduhi lernte nie Armenisch, obwohl ihre Mutter, die als Jugendliche in der Kirche die Sprache lernte, fliessend Armenisch konnte. Der Grund dafür war, dass die Mutter es ihrer Tochter nicht beigebracht hatte, denn in der Öffentlichkeit Armenisch zu sprechen war immer noch ein Risiko. Alle Armenier in der Türkei lebten in ständiger Angst. Es war deshalb besser und auch einfacher, wenn Azaduhi, die ja zu dieser Zeit immer noch ein Kind war, nur Türkisch lernte und nicht in Versuchung kam, aus Versehen ins Armenische zurückzufallen. Als Yaya dann selbst Mutter wurde, wollte sie unbedingt, dass ihre Kinder das Armenische erlernen würden, und deshalb sandte sie alle acht Kinder in eine private armenische Schule. Meine Tante Suzan erzählte mir, dass selbst zu dieser Zeit noch das

Armenische auf Istanbuls Strasse verpönt war. In den öffentlichen Verkehrsmitteln zum Beispiel gab es ein Schild: „Dies ist ein türkischer Bus; es muss Türkisch gesprochen werden." Ausserhalb der Schule oder des Hauses sprachen meine Tanten und meine Mutter also nie Türkisch.

***

Haygaz tritt vor Naringul und bittet um Azaduhis Hand. Naringul erwidert, er solle seine Eltern schicken, denn traditionellerweise müssen die Eltern des Sohnes bei den Eltern der Braut um deren Hand anhalten. Seine Eltern sind aber bereits verstorben. Er soll seine Verwandten schicken, meint Naringul darauf. Haygaz erklärt ihr, dass möglicherweise die Verwandten dann für ihren eigenen Sohn um Azaduhis Hand bitten werden. Er sei deshalb lieber selbst gekommen. Daraufhin fragt Naringul ihre Tochter, ob sie diesen jungen Mann heiraten will. Eigentlich ist sie unentschlossen, aber meine Grossmutter lässt sich von ihrer Mutter überzeugen und willigt in die Heirat ein.

***

Mein Grossvater starb als ich ein Jahr alt war. Ich kenne ihn eigentlich nur aus den Erzählungen meiner Mutter und meiner Tanten. Ein humorvoller Mann sei er gewesen, und er habe gut erzählen können. Politik und Geschichte waren seine Leidenschaft. Während der Wahlen versammelte sich die ganze Familie in einem Lokal. Auch Azaduhi war politisch interessiert. Die beiden hatten aber das Heu nicht auf derselben Bühne. Aber egal wie heftig der Streit war, Azaduhi sagte immer zu ihrem Mann: „Du bist und bleibst die Krone auf meinem Kopf, solange du lebst".

Meine Mutter begleitete Yaya immer zu den Wahlen und durfte auch mit ihr in das kleine, durch einen Vorhang abgetrennte Stimm-Kämmerlein; so wusste sie immer Bescheid, für wen die Mutter stimmte.[53]

***

Haygaz ist gelernter Schuhmacher und verdient gut. Er eröffnet ein eigenes Schuhgeschäft. Sie entscheiden sich, einen türkischen Nachnamen anzunehmen, damit das Schuhgeschäft gut läuft, denn die meisten Türken betreten kein armenisches Geschäft. Armenier sind zwar Starrköpfe, aber eben auch Pragmatiker!

***

Jedes Jahr zu Weihnachten durften sich die Kinder ein Paar Schuhe wünschen. Sie bestimmten den Stil, die Art des Leders und die Farbe. Meine Mutter schwärmt heute noch von diesen Schuhen. Haygaz hatte immer gute Geschäftsideen. Er pflegte zu sagen: „Wir sind

---

[53] Das Frauenstimmrecht wurde in der Türkei bereits 1933 unter Mustafa Kemal Atatürk eingeführt. Darin war die Türkei der Schweiz weit voraus.

Zufallsüberlebende, wir haben dem Tod bereits ins Auge geblickt und wir haben nichts mehr zu verlieren. Also machen wir das Beste daraus!"

Mein Grossvater war die grosse und einzige weltliche Liebe meiner Grossmutter; die erste Liebe aber war Jesus Christus. Sie sagte immer: „Wir müssen beten, dann kommt alles gut." Mein Grossvater hingegen war Sozialist; er erwiderte oft darauf: „Ach, gönn doch Jesus auch mal eine Pause." Mein Grossvater verstand es immer, die ganze Familie zum Lachen zu bringen.

***

Ihre erste Tochter Suzan kommt zur Welt. Als meine Grossmutter den Geburtsschein für ihre Tochter erstellen lässt, schreiben die Behörden den falschen Nachnamen auf. „Cicek" statt „Karanfil" steht auf ihrem Schein.

Haygaz muss nun für vier Jahre ins Militär. Nach seiner Rückkehr haben sie noch sieben weitere Kinder. Sechs Mädchen und einen Sohn. Meine Mutter Agavni ist das jüngste Kind.

***

Bis zu ihrer Heirat stand der falsche Nachname im Pass meiner Tante. Natürlich hatte sich Azaduhi bei den Behörden beschwert, aber diese entgegneten, dass die Namen ja praktisch identisch seinen! „Karanfil" bedeutet Nelke und „Cicek" bedeutet Blume. Nelken seien ja auch Blumen, hiess es.[54]

***

Ein Kind nach dem anderen verlässt die Türkei. Drei Töchter wandern nach Zypern aus; eine zieht nach Griechenland und der Sohn und drei seiner Schwestern kommen in die Schweiz. Nur noch die Eltern leben in Istanbul. 1985 verlassen schliesslich auch Azaduhi und Haygaz die Türkei und ziehen in die Schweiz.

***

In der Schweiz ging Yaya ihren Pflichten als Grossmutter nach. Sie beaufsichtigte oft ihre Enkelkinder. Dies tat sie mit viel Liebe, aber wenn man ihr nicht gehorchte, gewann offenbar manchmal das armenische Temperament die Oberhand, und sie rannte, wie mir meine Cousine Manon einmal erzählte, manchmal ihren Enkeln mit erhobenem Zeigfinger hinterher. Ich erlebte sie nie so. Als ich zur Welt kam, war Yaya bereits etwas älter.

Yaya und Haygaz schätzten die Schweiz als Wohnort; alles war sauber, geregelt und korrekt. Aber unser Land wurde genau so wenig zu ihrer Heimat wie die Türkei. Armenien (aber nicht unbedingt das

---

[54] Später wurden auch Juden in Nazi-Deutschland dadurch gedemütigt, dass man ihnen absichtlich falsche Namen gab.

heutige) war ihre Heimat, obwohl sie nie einen Fuss in dieses Land gesetzt hatten.

Meine Mutter versuchte, ihren Eltern eine Reise in das heutige Armenien zu ermöglichen, aber sie erhielten nie eine Einreisebewilligung, weil sie – Ironie des Schicksals – einen türkischen Pass besassen. Die andere armenische „Heimat" ist der christliche Glaube. Nach dem Tod meines Grossvaters arrangierte meine Mutter für Yaya und ihre Schwester eine Reise nach Israel, wo sie das ganze Land bereisten und die Geburtsstätte von Jesus besichtigten. Schon früher, als meine Mutter noch klein war, reiste ihre Mutter mit ihr und ein paar Geschwistern nach Israel, um Naringul, ihre eigene Mutter, dort zu besuchen.

Als ich vier Jahre alt war, flogen meine Grossmutter, meine Mutter und ich nach Eilat in die Ferien. Als Kind litt ich an Neurodermitis. Meine Kinderärztin empfahl uns, ans Meer zu fahren, da Salzwasser gut für meine Haut sei. In Israel angekommen, unternahmen wir einen Tagesausflug ans Tote Meer, denn in keinem anderen Gewässer findet man mehr Salz als in diesem Meer. Es war nicht gerade der Badespass, den ich mir erhofft hatte, denn das Salz brannte fürchterlich auf meiner Haut. Anstatt zu baden sass ich deshalb lieber nur neben meiner Grossmutter in einem Stuhl und wir schmierten unseren ganzen Körper mit einem Schlamm ein, der dort verkauft wurde und anscheinend gut für die Haut sein solle. Ob der Schlamm eine heilende Wirkung hatte, weiss ich nicht mehr. Ich erinnere mich nur noch an den riesigen Spass, den meine unvergessliche Grossmutter Yaya und ich hatten.

Ich mit meiner Grossmutter am Toten Meer

***

Silva, die Nichte, organisiert an Ostern 1989 eine Überraschung für ihre Grossmutter Nazeli: einen Flug für Azaduhi und ihr Schwester Yercanig nach Kalifornien für einen Osterbesuch mit deren Halbschwester. In der Lokal-Zeitung „Fresno Bee" wird ein bewegender Artikel über die Zusammenkunft und das Wiedersehen der drei Schwestern veröffentlicht.

The Fresno Bee, schliesst ihren Artikel mit dem folgenden Satz: „Die drei Schwestern, die das schmerzvolle Erlebnis des Massakers teilen".

Am 9. März 2009 stirbt meine Grossmutter „Yaya" Azaduhi Karanfil im Alterspflegeheim Tertianum. Wie alt sie genau geworden ist, weiss niemand.

Sisters

Continued from Metro page

Azadouhi Karanfilian and Yerchanig Hadjikrikorian flew in from their home in Switzerland to be with their sister, whom they haven't seen since they were infants.

When Hadjikrikorian arrived Sunday evening, the three sisters, all in their 70s, locked hands and kissed. Karanfilian had arrived earlier, reaching Fresno March 21. The sisters' birth records were lost or destroyed, and they are not certain of their ages.

"Tell them I just saw my sister for the first time. I never met her before," Hadjikrikorian asked an interpreter to tell the media.

The tragic separation of the family began in 1915 during the time of the Armenian massacre, when an estimated 1½ million Armenians were killed by the Ottoman Turks.

The two sisters from Switzerland were separated from Akardjalian when she was put into an orphanage as a child. Akardjalian married and moved to Lebanon as a young woman and lived in Lebanon until two years ago.

Karanfilian and Yerchanig remained in Turkey until 1979 when they moved to Switzerland.

It wasn't until 1951 that the two sisters still living in Turkey found their other sister in Lebanon by putting several ads in newspapers.

"We never forgot about our sister," Karanfilian said. "We always wanted to see her, but we couldn't because of the war in Lebanon. Thank God she is now in America so that we could visit her."

The reunion was made possible by Akardjalian's granddaughter, Silva Ohanian, who started making arrangements four months ago. A room filled with family members, balloons and a table of goodies helped make the celebration more festive.

"We are so lucky we found each other. I thank my granddaughter for all this," said Akardjalian, who has lived in Fresno since 1987.

"I am happy I could do this for my grandmother," Ohanian said. "When they first saw each other, they were happy and crying but they were also confused."

"I am so excited my brain has stopped," Karanfilian told Ohanian. "I would like to thank you for inviting us to your home in Fresno so that I could meet my sisters."

The three sisters, who all share the painful experience of the massacre, will have three weeks together to get acquainted and catch up on more than 70 lost years.

Die Zeit steht still

Nachdem die französische Regierung im Jahre 2001 den Genozid an den Armeniern öffentlich anerkannt hatte, folgte 2011 in Frankreich das Gesetz, das die Verleugnung des Genozids an den Armeniern strafbar macht. Am Tag, an dem die Nationalversammlung das Gesetz annahm, gingen um die 1'000 Menschen türkischer Herkunft auf die Strasse, um gegen den Beschluss zu demonstrieren. Auch die türkische Regierung reagierte: der Botschafter wurde aus Paris abgezogen.

Der Schweizer Bundesrat verweigerte einige Male die öffentliche Anerkennung des Völkermordes an den Armeniern. Er begründete diese Entscheidung jeweils damit, dass die anderen europäischen Länder den Genozid nie auf Regierungsebene anerkannt hätten und begnügte sich mit einer „Verurteilung der Ereignisse" und einer Anerkennung auf der Ebene des Nationalrates im Jahre 2003.[55]

Welche Enttäuschung für die in der Schweiz lebenden Armenier!

Der Genozid an den Armeniern gehört nun schon 97 Jahre der Vergangenheit an. Eine kurze Zeit aus

---

[55] http://www.nzz.ch/aktuell/schweiz/tuerkei-calmy-rey-1.13884060

historischer Sicht. Für das armenische Volk hingegen, das immer noch nicht das richtige Gehör der Weltöffentlichkeit gefunden hat, steht die Zeit still. Viele Menschen haben vergessen und die Jungen wissen zum Teil gar nicht, dass es einen Genozid an den Armeniern gegeben hat. Zwar haben 22 Staaten inzwischen den Völkermord an den Armeniern anerkannt, darunter Russland, Kanada, die Niederlande, Schweden, Italien und Frankreich.[56] Die türkische Regierung jedoch ist auch vier Generationen nach den schrecklichen Ereignissen noch zu schwach, den Genozid öffentlich anzuerkennen. Wie gesagt, eine Rechtfertigung dafür wird es nie geben; eine Anerkennung der Tatsachen und eine Entschuldigung aber sind überfällig. Wir warten!

---

[56] http://de.wikipedia.org/wiki/Völkermord_an_den_Armeniern#Bewertung_durch_internationale_Organisationehttp://de.wikipedia.org/wiki/Völkermord_an_den_Armeniern#Bewertung_durch_internationale_Organisationen

Anhang

Karten

Das Imperium von Tigran (95-66 vor Christus)[57]

---

[57] http://www.armenien.am/10051-armenien-kurdistan.html

Die Armenische Republik seit 1991[58]

---

[58] http://www.stepmap.de/landkarte/armenien-geographische-lage-160427

Quellenverzeichnis

http://www.tuerkeiteam.de/atatuerk.htm, 2.11.2012,
Gruppe die Informationen über Atatürk aufgeschrieben hat.

http://ayunion.wordpress.com/2012/07/13/deutschland-steh-zu-deiner-verantwortung-anerkennung-des-volkermords-an-den-armeniern-und-aramaern/, 2.11.2012,
Junge aramäische Union

http://www.deutsch-tuerkische-nachrichten.de/2011/12/13940/genozid-gesetz-sarkozy-zeigt-guel-die-kalte-schulter/, 5.11.2012, Deutsch-Türkische Nachrichten Online

http://www.tagesanzeiger.ch/ausland/europa/Mehr-als-ein-Dutzend-Staaten-anerkennen-ArmenierGenozid/story/24834499, 11.11.2012,
Tagesanzeiger Online, Rubrik Ausland vom 5.3.2010

http://www.wsws.org/de/2001/mai2001/arm1-m30.shtml,
11.11.2012, World Socialist Website

http://www.haias.net/historie/genozid.html, 11.11.2012,
Armenische Gruppe die Informationen zum Genozid an den Armeniern aufschreiben.

http://www.haias.net/historie/rolle_de.html, 11.11.2012,
Armenische Gruppe die Informationen zum Genozid an den Armeniern aufschreiben.

http://www.20min.ch/schweiz/news/story/18948244,
11.11.2012, Zwanzigminuten Online vom 23.4.2010

http://www.armenian.ch/gsa/Docs/DokGenD.pdf ,
11.11.2012, Dokumentation von der Gesellschaft für bedrohte Völker

http://de.wikipedia.org/wiki/Komitee_für_Einheit_und_Fort schritt, 23.11.2012, Wikipedia, Online- Enzyklopädie.

http://krisen-und-konflikte.de/irak/archiv/standard_geschichte_15032003.htm , 23.11.2012, Der Standard, Printausgabe 15/16.3.2003

http://www.tuerkei-abc.de/tuerkische-republik.php, 25.11.2012, Türkisches Reisebüro Informationsseite.

http://www.heide-pinkall.de/OsmanischesReich.htm, 25.11.2012, Internetseite betrieben von einer deutschen Gymnasiallehrerin.

http://www.cap-lmu.de/themen/tuerkei/geschichte/republik.php, 25.11.2012, Centrum für angewandte Politikforschung an der LMU München.

http://www.eslam.de/begriffe/a/atatuerk.htm, 25.11.2012, Enzyklopädie des Islam.

http://de.wikipedia.org/wiki/Völkermord_an_den_Armenier n#Bewertung_durch_internationale_Organisationen, 25.11.2012, Wikipedia, Online- Enzyklopädie

http://www.weltwoche.ch/ausgaben/2006-43/artikel-2006-43-es-war-kein-voel.html, 16.12.2012, Online Weltwoche vom 16. Dezember 2012

http://www.tagesspiegel.de/politik/international/tuerkei-und-armenien-wir-entschuldigen-uns/1397310.html, 16.12.2012, Tagesspiegel Online vom 16.12.2012

http://www.faz.net/aktuell/politik/ausland/tuerkei-und-armenien-schwierige-annaeherung-1227319.html, 16.12.2012, Frankfurter Allgemeine Online vom 16.12.2012

http://www.nzz.ch/aktuell/schweiz/tuerkei-calmy-rey-1.13884060, 16.12.2012, Neue Zürcher Zeitung Online vom 16.12.2012

Bilderquelle: Titelblatt Nelke:

http://www.landschaftsfotos.eu/name/zeitachse/jahr/2011/monat/oktober/seite/1.html, 18.12.2012, Seite von

Landschaftsfotos

Yves Ternon: Tabu Armenien, Geschichte eines Völkermords, Frankfurt/M. Berlin, Ullstein-Verlag, 1977
Tessa Hofmann: Annäherung an Armenien, Geschichte und Gegenwart, München, Beckschereihe-Verlag, 2006, Erstauflage 1997
Zeitschrift: Geoepoche – Das Magazin für Geschichte, Deutschland, Nr. 56, 2012
Zürcher Bibel, Genossenschaft Verlag der Zürcher Bibel beim theologischen Verlag Zürich, 2007

Grossmutter, Mutter und ich in Eilat

A FLOWER CALLED CARNATION

THE STORY OF MY GRANDMOTHER AZADUHI

By Désirée von Grünigen

Inofficial translation
For private use only

Preface

I discovered the story of my half grandmother who survived the massacre of Armenians in different pieces from various sources.

The story had been told in my family and my aunt's husband had put down the most important facts from her life in writing on four pages. After reading this documentation, I had more questions than before and I decided to find out more about the life of my half grandmother and about the history of Armenia and to write it all down. What is handed down orally, is quite often forgotten soon. For this reason, I also began to make notes on my late grandmother, so that her story would not be forgotten.

I have always been proud of my heritage as half an Armenian – something special which let people ask me "Tell me more? Where are you from?". But looking back, I must admit that I had previously never given much thought to the fate of my relatives.

This graduation paper has offered me the perfect occasion to deal with the history of Armenia. Many people supported me in this work and without their help this paper would never have become a reality. I would like to mention the following:

- Garbis Kiremidjian, who wrote down Nazeli's story in English

- Silva Sarafian, who provided me with details of Nazeli's biography
- Suzan Ayvaz, the carnation!
- Yercanik Hacikirkorian, who told me Azaduhi's story
- Dr. Sarkis Karanfil, who provided information on Azaduhi's story

I would also like to thank the following people for their support and help in correcting, editing and layouting this paper:
- Georges Galey, my father
- Agavni von Grünigen, my mother
- Dr. Hanspeter Homberger, my uncle
- Manon Homberger, my cousin
- Herrn A. Struzek, my teacher and main supervisor of this paper
- Frau M. Frey, my history teacher and secondary supervisor

This paper is an attempt to find answers to questions about the massacre of the Armenians and to document the story of my grandmother and her half-sister on paper. But before delving into the story of my relatives, let me take you on a brief journey through Armenian history.

Hajastan

Armenian myth tells of a heroic tribal leader named Hajk, who led the Armenians from Mesopotamia to the Wan-basin, where the Armenian people settled down among the ruins of the Urartu empire at the foot of the mountain Ararat.

This was to become their holy mountain, which they call "Masis" in their mother tongue[1]. It is historically documented that the Armenians are an ethnic group which originated from the population of the Urartu-empire. Early findings of inscriptions describing this new people as Armenians go back to about 560-480 CB[2].

During the course of history, Asia Minor is repeatedly the scene of wars and conquests, but the Armenians never let themselves be driven out completely. And so even today they still inhabit this area, even though today's Armenian Republic has shrunken to a tiny spot on the map of the world[3].

In its early history Armenia, named "Hajastan" by its inhabitants until today, was governed by the Persians

---

[1] (Source: „Annäherung an Armenien - Geschichte und Gegenwart", Hofmann, p.25)
[2] (Source: ibid., p.23)
[3] (Source: „Tabu Armenien - Geschichte eines Völkermords", Ternon, p.13-27)

and Armenia's culture thus is at that time heavily influenced by Persia. In the early fourth century BC, Alexander the Great invades Asia Minor, ending the Persian Empire and brings the Greek culture into the region[4]. Then there are further changes in dominion until Armenia finally receives its freedom again in about 189 BC. Now, Armenian kings reign again in "Hajastan". Armenia is divided into two parts: Greater and Smaller Armenia. But the monarch Tigran the Second unites them in 95 BC opening the greatest chapter in Armenian history, when he reigns over the Middle East – from Mesopotamia, Syria, Palestine, Kilikia to Kappadocia[5].

The Armenian dominion over this empire is however not very long, for now the Romans conquer the entire area. However, at least formally, small Armenia remains independent – but the Romans determine governors. A peace between Rome and Armenia ensues, whereby the Romans consider Armenia as a buffer state against enemy mountain tribes[6].

In the years after the birth of Christ, Christianity arrives in Armenia. During the early days, its adherents are persecuted and killed, as Rome continues to determine which kings rule Armenia. At the time when Christianity entered Armenia over Syria and Kappadocia, the Roman ruler is Emperor Diocletian,

---

[4] (Source: ibid., p.14-15)
[5] (Source: „Annäherung an Armenien - Geschichte und Gegenwart", Hofmann,p.28)
[6] (Source: ibid. P.30)

known for his enmity towards Christians. Only in the year 311 AD is Christianity recognized by the new Roman leaders[7].

According to Armenian history, it is king Trdat the Third, imposed by Diocletian, who converted and declared Christianity to be the new religion of his subjects in 311 AD. By their own understanding, this makes Armenians the first people in history to adopt the Christian faith as a whole people[8].

After Diocletian is removed, Christianization is enforced violently. Those who do not convert are tortured, displaced or killed[9]. The next milestone of Armenian history is the development of the Armenian alphabet during the fourth century. Until then Armenian had remained a spoke language only. The monk Mesrop Maschtoz developed the Armenian alphabet and then translated the bible into the national language[10].

Repeatedly, Arab tribes reaching Asia Minor in the 7th century, attempt to convert the people of Armenia to Islam – however to no avail. In 1045 the Greeks occupy Armenia[11]. And the next tribe willing to conquer is not far. Armenia is given from one occupier to

---

[7] (Source: ibid., p.32)
[8] (Source: ibid., p.32)
[9] (Source: „Tabu Armenien - Geschichte eines Völkermords", Ternon, S.16)
[10] (Source: „Annäherung an Armenien - Geschichte und Gegenwart", Hofmann, p.33)
[11] (Source: „Tabu Armenien - Geschichte eines Völkermords", Ternon, p.18)

another and many Armenians flee "Hajastan" from persecution[12].

Then the Crusades begin, during which Armenia once again becomes a kingdom. By welcoming the crusaders with open arms, Armenia wins the favors of the countries of Europe. But in the early 16th century, Ottoman rule ensues, under which Armenians are to suffer for a long time[13].

Only after World War One the treaty of Sèvres (France) calls for the independence of Armenia. But since not all countries involved in the treaty actually sign it, the document never becomes legally binding. In 1920 Armenia is divided between Turkey and Russia. Eastern Armenia is given to Russia, the rest to Turkey. The Eastern part is identical to today's Republic of Armenia which received its independence on September 21, 1991[14].

---

[12] (Source: ibid., p.18-21)
[13] (Source: ibid., p.20-21)
[14] Source: „Geoepoche", p.147)
(Source: http://de.wikipedia.org/wiki/Vertrag_von_Sèvres)
(Source: http://www.uni-protokolle.de/Lexikon/Vertrag_von_S%E8vres.html)

How Nazeli survived

Nazeli, my grandmother's half-sister, is only seven years old when the Armenians of her village are assembled and led to the massacre fields by police. Nazeli hides, as she has been told by her grandmother, under her skirt, until the murderers have finished their ghastly work. Her grandmother had also told her to drink water from the river after coming out of hiding and then to hide in the hay near the fields. By doing exactly this, Nazeli survives the massacre.

***

The massacre of Armenians, which Nazeli survived, happened in 1915, half a year after the Ottoman Empire had entered World War One[15]*. The Armenian genocide was based on exact planning*[16]*. One after the other, Armenian families were herded together from different villages and cities by police, sometimes first the men followed by women and children, sometimes unseparated. People were usually not given any time to pack their belongings. Attempting to avoid the large*

---

[15] (Source: „Annäherung an Armenien - Geschichte und Gegenwart", Hofmann, p.94)
[16] (Source: „Geoepoche" p.137)

cities, their guards led them over detours into concentration camps. During these deportations, which most had to conduct on foot, they received neither water nor food. Stops in between were used to indiscriminately execute smaller groups of Armenians. Those who survived the march into the final camps were greeted by the misery of Armenians who had already arrived. In these camps the last survivors were killed as well[17].

It was however not the first time that Armenians had been persecuted and killed by Ottomans. Already at the end of the 19th century, tens of thousands of Armenians died by the hands of Ottomans and Kurds[18].

Why so many Armenians had to die remains somewhat unclear until this day. There are of course explanations that try to find an answer. But it would be difficult to find an "objective" argument – there are no monocausal answers. Certainly one important point was the decades-long religious conflict between the Ottomans and the Armenians[19]. Their different understandings of Islam and Christianity led to spiritual enmity.

The mass of Armenians in the Ottoman Empire seemed to be a threat in the eyes of the government,

---

[17] (Source: „Tabu Armenien - Geschichte eines Völkermords", Ternon, p. 145-168)

[18] (Source: ibid, p.73-88)

[19] (Source: ibid., p.137)
   (Source: „Annäherung an Armenien - Geschichte und Gegenwart", Hofmann, p.87)

even though they represented a minority[20]. But what were the Ottomans afraid of? That the Armenians could become independent or that they would grab power? But they were too small a group for such a thing and were only asking for equality and freedom of religion[21]. But the Ottoman Empire had already begun to disintegrate and therefore any minority that did not show unquestioned loyalty toward the government seemed to be viewed as a threat to the empire[22]. As the Armenian people were fighting for their rights, they were not considered loyal enough.

***

Unfortunately, I never had the opportunity to meet my grandmother's half sister. I also did not know how she looked like for a very long time, until I found a picture of her for my paper. I had previously imagined her similar to my grandmother: full grey, shoulder-length hair, small of stature, a wrinkled face deeply marked by her life. She could have answered many of my questions. I would have wanted to ask whether she had come to terms with the events of her childhood, and if so, how she had managed to.

She witnessed her grandmother being beheaded and subsequently saw her uncle die, as well. An

---

[20] (Source: „Tabu Armenien - Geschichte eines Völkermords", Ternon, p.139

[21] (Source: „Annäherung an Armenien - Geschichte und Gegenwart", Hofmann, p.86)

[22] (Source: ibid., p. 92-93)

incredibly cruel experience, one completely unimaginable for myself. Reading her story evoked strong feelings of hate against those responsible for planning and executing the massacres, as well as a feeling of helplessness. Seven-year old Nazeli had been powerless and alone.

***

The Armenians did not have any allies in the Ottoman Empire. Other countries did not interfere in the decisions of the government. While many governments knew about the shameful deeds that the Armenians had to suffer, it was more important for them to entertain good relationships with Turkey. Germany's Imperial Chancelor Theobald von Bethmann Hollweg declared: „Our only goal is to keep Turkey a tour side until the end of the war, regardless of whether that would cause the Armenians to perish or not."[23]

World War One offered an opportune moment for "cleansing" the Ottoman Empire[24]. Only after the war ended, the victors rushed to the aid of the Armenians – particularly to that of orphans[25].

The Armenian genocide resulted in about 1.2 million victims. Most of them died during the so-called "death

---

[23] (Source: „Geoepoche", p.142)
[24] (Source: „Annäherung an Armenien - Geschichte und Gegenwart", Hofmann, p.106)
[25] (Source: „Geoepoche", p.145 source of picture)

marches"[26]. Many were killed en route to interim camps, which seems to have been the plan of the government. Many others died of hunger, exhaustion or thirst. An estimated 700.000 Armenians lost their life on the way into Northern Syria[27]. Completely famished and without water they were driven through the desert by Turkish overlookers, for "[...] only a minimum should arrive in the concentration camps, meaning the desert of Mesopotamia. The regular decimation of the convoy had to be undertaken on the way."[28]. The same source provides the following two quotes: "The street from Meksene to Deir es-Zor looked like a battlefield." And "In Dei res Zor, at the end of the road of death, there were no Armenians anymore. They had all been killed."[29].

Turkey's Minister of the Interior Talat, told US-Ambassador Henry Morgenthausen in early August 1915: „We will no longer tolerate any more Armenians anywhere in Anatolia. They can live in the desert, but nowhere else."[30] (REF_30)

***

---

[26] (Source: „Tabu Armenien - Geschichte eines Völkermords", Ternon, p.207-208)

[27] (Source: „Geoepoche", p.146)

[28] (Source: „Tabu Armenien - Geschichte eines Völkermords", Ternon, p. 164)

[29] (Source: „Tabu Armenien - Geschichte eines Völkermords", Ternon, p. 205 und 207)

[30] (Source: „Geoepoche", p. 138)

While reading I wondered what could have incited such hate among the Turks against the Armenians that they killed so many of them with swords and knives, stones, guns and even by hand. I read of insurrections and terrorist attacks and of revolutionary Armenians who attacked Ottoman civil servants. The revolutionaries were fighting for their own state and thus made themselves unpopular in the Turkish population. So there were also Armenian acts of violence, but this is no justification.

There is no justification for genocide!

Almost by chance I happened to come across some information about the origins of some of the perpetrators[31]. It seems that a special organization of about 30.000 armed people was founded. They were not trained to wage war, only to kill. Among the selected were Kurds, fugitives from the Balkans as well as violent criminals. Another reason was the hatred of Muslim refugees from Russia, who had been driven out and killed there by Christians. One final reason: Turkish propaganda fully blamed Armenians for the bad economic and political state of the empire.

There were however many Turks who were not willing to kill Armenians, for instance the governors of Ras-ul-Ain and Deir es-Zorzum. They had been ordered to kill deported Armenians and refused. Both governors

---

[31] (Source: „Annäherung an Armenien - Geschichte und Gegenwart", Hofmann, p. 93)

were removed from their posts[32], their fate is not known to me.

There is no doubt that the genocide was planned by the Ottoman government. But no papers have been found containing a direct order to massacre the Armenians[33]. Camps were built and routes for the so-called "relocation" were set up. Systematically, intellectual Armenians with high positions in administration were killed first, then men eligible for military service, boys and finally women and children[34].

From what I could find out, my half-grandmother's own grandmother died at a lake – the exact location is unknown. I did come across the report of a US consul, telling of a massacre field close to lake Gölcük[35]. So I can only assume that she was one of the countless corpses lying at the shore of the lake, according to the US official's report.

***

When Nazeli crawled out from under her grandmother's dress, she sees the many dead bodies around her and discovers her uncle. He is still alive, but his neck is almost cut in two. He asks Nazeli for water. She tries to bring water from the river, forming

---

[32] Two places – today in Syria -, where death camps were placed.
[33] (Source: „Tabu Armenien - Geschichte eines Völkermords", Ternon, p.168)
[34] (Source: „Annäherung an Armenien - Geschichte und Gegenwart", Hofmann, p. 98)
[35] (Source: „Geoepoche", p. 140)

a cup with her hands, but when she reaches her uncle again, her hands are empty. He dies.

For two nights Nazeli hides in a mound of hay, drinking the bloody water from the river and eating wet corn from the field. On the third day, a peasant and his wife hear Nazeli crying, while they pass the field. Nazeli implores the Turkish peasant not to kill her, repeatedly crying "Uncle, please do not kill me." The peasant's wife asks him to spare the child and convinces him to raise Nazeli like one of his own, which they do. Taking non-converted Armenians into a Turkish household is punishable by death. The peasant and his wife however, take on this risk and keep Nazeli with them.

***

According to the sources, Nazeli was treated well and like a daughter in the Turkish family. Did many families offer shelter to Armenians and risk their lives for them? I have seen indications that there were some families who protected Armenians[36].

***

The Turkish general Mahmud Kamil Pascha, commanding the 3rd army, declared: "A muslim, who protects an Armenian should be executed in front of his house and his home should be burnt to the ground."[37].

---

[36] (Source: ibid., p. 143)
[37] (Source: ibid., p. 138)

"Only few Armenians, who had been left for dead in the ditches of the road could hide among helpful people; sometimes Europeans bought young girls off Turkish soldiers."[38].

The government tried everything to cover up the murder of Armenians. Rules were set up, such as a ban on photographing deported people. Another example: The government had originally intended to spare children below 15, but then withdrew this rule and lowered this age to seven. However, the only children that should be kept alive would be those that could no longer remember the massacres or at least not remember them exactly. Another measure was a ban on marriages between Turks and Armenians[39].

***

The information on children being spared is inconsistent and unsure. According to various sources, the aim was to exterminate the entire Armenian people. It is also documented that many children were killed. For instance, about 1.000 children were killed by policemen who hurled their heads against rocks, grabbing them by their feet[40]. An Armenian widow from Bayburt reports: "Policemen threw all remaining children into the Euphrates river. Those who could

---

[38] (Source: „Tabu Armenien - Geschichte eines Völkermords", Ternon, p. 199, 120)

[39] (Source: ibid., p.161-164)

[40] (Source: „Geoepoche", p.144)

swim, were shot, when they fought against the waves."[41] On the other hand children, particularly girls, were sometimes sold. Orphanages were set up, in which little Armenian children were to be raised as "Turks".

I consider two possible explanations for these inconsistencies: maybe the order of complete extermination did not reach everyone, as the orders were transferred orally in order to maintain secrecy. Then again I could imagine that Turkish officials could have sold children for profit. I can not exclude that some tried to save children from death out of pity.

***

Nazeli's father, Armenag Hajikirkorian, was drafted into the Turkish army. After the war he and his friend Khosrof Efendi are among those few Armenians who return. Together, they search the villages for his daughter. In one village, a group of girls is standing next to a well. Armenag describes his daughter to the girls and they lead both men to the house of the Turkish family who took in Nazeli. After they have entered the house, the peasant locks the door and calls Nazeli out of hiding. Armenag and his daughter embrace under tears. The Turkish couple do not really want to let Nazeli go, as she has become their child. Armenag offers to pay as much gold as Nazeli weighs.

---

[41] (Source: „Geoepoche", p.146)

The Turkish family can not refuse this offer and allows Nazeli to leave.

***

Many Armenians fought in the war on the side of the Turks, during World War One about 30.000 of them. But already during the Balkan Wars of 1912, Turks and Armenians had already fought together. However, during both wars, the Armenian people were divided. In the Balkan Wars, many Armenians supported Bulgaria and thus were fighting against the Turks. In World War One about 600.000 Armenians fought on the side of Russia, though most of them did not stand against the Turks and rather saw service at European fronts.[42]

The fact that Armenians had voluntarily joined the Russian army – supporting an enemy of the Turks during the war – was later used by the Turks as justification for the massacres ("Treason against the Empire"). The second major justification was the so-called "Rebellion of Van", which in truth was not an Armenian rebellion, but a defense. The Turks had beleaguered the Armenian quarter in Van, whose inhabitants were hoping for aid from the Russian army, which came and occupied the Armenian plateau. But the Turks pushed the Russian army back. The Russians then encouraged the Armenians to join them in order to escape the Turks and their regime. An estimated

---

[42] (Source: „Annäherung an Armenien - Geschichte und Gegenwart", Hofmann, p. 95)

250.000 followed this call and left their homes. This is the single larger group of Armenians who survived the genocide[43].

***

Armenag was a well-known iron-worker, specialized in that profession. He was very wealthy. The Turks knew his skills and needed him in the army. I do not know, why they just let him go after the war. The only information I have is that he was one of the few Armenians who returned after the war.

***

Armenag's friends later introduced him to a woman named Naringul, who already had three children. In Armenag's house, Naringul told him her story: "They took my husband, before my youngest daughter was 40 days old. The Turks collected all the men from the village and brought them to the river. They decapitated them all and threw the bodies into the water. My husband was murdered in front of my own eyes."

***

Many surviving women told stories of seeing family members die. They had no time to say goodbye to their

---

[43] (Source: „Tabu Armenien - Geschichte eines Völkermords", Ternon, p. 171-174)

husbands, sons and brothers and had no possibility to visit their graves. Many corpses were simply thrown into the Euphrates. These measures were taken to hide the massacre, for without corpses, no genocide could be proven. But this was short-sighted, as the water became contaminated and the corpses were washed to shore[44].

***

I only read in one report that the perpetrators filled the dead with stones to keep them from floating to the surface. At some point the government ordered that corpses should be buried, so nameless mass graves were dug up and almost an entire people vanished in the sand. But the murderers were often unable to cope with the number of dead, and so corpses lined the deportation routes. There are reports from diplomats about hills of corpses[45].

In places where the Armenians, suffering from diseases as they were not allowed to wash, were marched through, typhus broke out. Over a million Ottomans perished from this disease. Some observers saw this as a "secret revenge" of the Armenian people against its tormentors.

***

---

[44] (Source: „Geoepoche", p. 140, 144)
[45] (Source: ibd., p.142, picture)

After a short pause, Naringul explains further: „My brother Yesayi died the most horrible death. He owned a farm in the village and was very wealthy. The murderers tore his body in many pieces and hung the head, the torso, the legs and the arms in different places of his property."

***

Yesayi was not only killed. His body was mutilated, which was typical for this genocide. The corpses lying along the deportation routes were not only dead bodies, which would have been ghastly enough, but most bodies were often horribly disfigured. They missed body parts, many corpses were naked, because not only money and goods had been taken, but people's clothes as well[46].

***

Only between 1919 and 1920 were some of those responsible for the genocide brought to justice. A special war tribunal installed by the victors of the war identified the Ottoman Minister of the Interior Talat, War Minister Enver and the Ittihad Central Committee as responsible for the atrocities[47]. *Of 17 death penalties handed out, only three were enforced. The others who*

---

[46] (Source: ibid., p. 142)

[47] The so called „Committee for Unity and Progress" in the Osmania empire was one of the main instigator of the genocide

received a death sentence, escaped into exile, including Talat. However, he was shot by an Armenian in exile[48].

***

Armenag consented to marrying Naringul and took care of the family. A few years later they had a daughter and gave her the name Yercanig. Seven years after their wedding, their second daughter was born, my grandmother Azaduhi. Unfortunately Armenag died ten years after his marriage with Naringul. She was again left widowed and with the difficult responsibility of supporting six children.

Around this time, missionaries from America came, to collect orphans and to bring them to orphanages in Beirut.

***

I asked my mother if she knew why American missionaries who came to Turkey in 1920 brought orphans to Beirut, but not into the United States. I also discussed this with my aunt Suzan. But neither could tell me more. In any case, Armenian orphans were brought into various stable regions of the Middle and Near East – for instance to Cyprus, but also to Pakistan. For this reason, Armenians remain until today a very dispersed community, primarily bound together by their Christian faith.

---

[48] (Source: „Geoepoche", p. 147)

***

Naringul sent her own daughter Nouritsa instead of Nazeli to the missionaries. The children were lined up and asked individually whether their father or mother were still alive. Nouritsa says that while her father is dead, her mother is still alive. The missionaries then bring her back home and ask Naringul why she has sent the wrong child. She answers: "Nazeli's father took care of my children for ten years. I could not give away his only child. I want to take care of her." The missionaries explain that this is not possible. So she reluctantly agrees to send Nazeli to Beirut, despite Nazeli's protest.

***

Here there is a problem with the oral tradition. I have two versions of this part of the biography. My grandmother and her sister Yercanig, who I visited to collect information together with my mother and my aunt, have told me the story above. The other version is from Nazeli's son, Sevag Akadjalian:

***

Naringul hears of the American missionaries and decides to change Nazeli's last name, giving her the name Keshishian, which she had taken after her first marriage, and sends her to the orphanage. Nazeli later tells her son that she was heartbroken, when her

stepmother kept all her children and her father's fortune, while abandoning her. She sees much misery in Beirut and works hard every day for bread and a few olives. Later, Nazeli is sent to another orphanage in Lebanon. A boy named Garo Arzoumanian also lives there, in the boys' section. Nazeli admires Garo's kind heart and later marries him. Only years later does Garo convince Nazeli to invite her stepmother to the wedding of her oldest daughter Anahid.

***

Both versions shed a completely different light on the relation between stepdaughter and stepmother. I can not exactly say which source I should believe more, though I tend to give the second version more credibility, as Nazeli herself told it to her son. Azaduhi and Yercanig were still very young and perceived events very differently, so that might explain the two different versions. While Yercanig was already married, still she was only 12 years old, a child at the time of these events.

Azaduhi and Haygaz – a love story

My grandmother Azaduhi was born in 1923 in Yozgat. No one knows the exact date, not even my grandmother, because the authorities of the time were not very reliable. It was commonplace for a birth certificate to contain the wrong date of birth or the wrong family name.

***

When I was five years old, I asked my mother about the birthday of Yaya, as I called my grandmother Azaduhi. She told me that she did not know the date. I looked at her incredulously: "How can you forget your own birthday?" I asked. She gave some explanation which I did not understand. So I suggested to my mother to simply choose a birthday for Yaya, so that she would also have one day during the year to look forward to like myself and everyone else. We never agreed to a date and I cannot remember ever celebrating my grandmother's birthday.

Maybe that was the reason why she never grew older in my eyes. She was always there, sitting on the left end of the brown sofa next to the telephone. It was a corner sofa, except that its corner was round, leaving open a small space between sofa and wall just big enough for me to hide in as a little child. It was my and my cousins´ favourite hideout. When playing, there was always someone who snuck into it. I often sat down next to Yaya on the sofa and she gave me the TV remote control; with gestures and facial expressions she let me know I could choose any channel I wanted. My mother did not want me just to sit in front of the TV with my grandmother, but Yaya always defended me and told her to allow me to enjoy myself.

***

The Ottoman Empire was among the losers in World War One, its troops defeated, the Empire bankrupt. The Allies who had won the war, occupied Istanbul in 1920 in order to prosecute the leaders of the party of Young Turks, who shared responsibility for the Armenian genocide, for they had designed the plans of extermination[49]. After World War One, many political parties and movements sprung up in the Ottoman Empire. One of them was the nationalistic liberation movement led by Mustafa Kemal, who aimed to found a government against the Sultan and the victors of the war. He managed to establish a parliament in 1920 and became its first chairman. Wars erupted between Kemal's troops and those of the Greeks. In 1922, the so called liberation army won a final victory over the Greeks, leading to a new treaty between the Allies and the government of Mustafa Kemal. Representatives of both parties met in Switzerland and the lands were re-

---

[49] (Source: „Annäherung an Armenien - Geschichte und Gegenwart", Hofmann, p. 107-116)

divided in the treaty of Lausanne. Armenia, which had originally been promised Eastern Anatolia, received nothing[50].

***

My grandmother and I understood each other perfectly, even though we were not able to actually exchange many words. She only spoke Turkish and understood a few Armenian words. On the other hand I did not speak either language well. In my memory, we nonetheless did not have any problems at communicating. One time, when vacationing on Ägerisee, my mother had to return to Zurich for two days while my grandmother and I remained in the holiday house. I was seven and responsible for making sure my grandmother went to the doctor, gymnastics and massage sessions, which all took place in the house. Because she could no longer walk very well, we had organized a wheelchair, which I pushed around enthusiastically. I "chauffeured" her on time to all her appointments and translated what the doctors were telling her with my hands and feet as well as I could. And in the evenings, when I could not sleep, because I

---

[50] http://www.tuerkeiteam.de/atatuerk.htm
http://www.tuerkei-abc.de/tuerkische-republik.php
http://www.cap-lmu.de/themen/tuerkei/geschichte/republik.php
http://www.heide-pinkall.de/OsmanischesReich.htm
http://www.cap-lmu.de/themen/tuerkei/geschichte/republik.php
http://www.eslam.de/begriffe/a/atatuerk.htm

missed my mother, she took me in her arms and took care of me, as grandmothers do.

***

In Yozgat the family owned land. But after Armenag's death the officials took everything away. When Naringul complained to the authorities, they gave her a sack of flour as compensation. The two daughters from her first marriage and Yercanig, her oldest daughter from her second marriage, married in Yozgat and remained there. Only later did they follow the rest of the family to Istanbul. Naringul and other two remaining children, Arsen and Azaduhi, moved to Istanbul with nothing but a sack of flour.

***

The family came to Istanbul without any money, but left the town many years later with a small fortune. They worked very hard. My mother repeatedly told me how industrious my grandmother had been. She helped the old and the poor, invited them to eat, helped them go shopping. Once a week Azaduhi invited women to pray together and discuss problems and once a week she cooked a warm meal for a blind woman. She was a very helpful and generous person.

***

After almost 600 years, the dominion of the Ottoman Empire was coming to an end. On October 29,

1923, the Turkish Republic was founded under Mustafa Kemal, known by the name of Atatürk[51] (REF_51). The newly founded Turkish Republic saw many political changes. Atatürk's policy, called "Kemalism", looked to Europe for orientation. Writing, calendar, the metric system were adopted from Europe. The government abolished the sultanate and the sharia. The division of state and religion was one of the most important achievements of Kemal. Islam no longer received the same significance in the new Turkish Republic. Laws enacted in 1926 corresponded with Swiss civil law and contained, among other things, the equal treatment of men and women[52].

***

Naringul and her two children went to the Armenian Church for help. They were offered space in a building established by Armenians already living in Istanbul for new Armenian refugees – a former Armenian school that could serve well as a refugee camp.

---

[51] Atatürk stands for „Father of Turkey" in the Turkish language.
[52] http://www.tuerkeiteam.de/atatuerk.htm
http://www.tuerkei-abc.de/tuerkische-republik.php
hattp://www.cap-lmu.de/themen/tuerkei/geschichte/republik.php
http://www.heide-pinkall.de/OsmanischesReich.htm
http://www.cap-lmu.de/themen/tuerkei/geschichte/republik.php
http://www.eslam.de/begriffe/a/atatuerk.htm

Naringul's son immediately found work to earn money and opened a coffee house. Arsen is married in Istanbul and he and his wife move with the rest of the family into a larger apartment close to the coffee house.

My grandmother wants to become a nun, but things take a different turn. Azaduhi's mother is pious and the whole family regularly goes to church. The church is very important for Armenians as it represents the center of their society. There Azaduhi meets Haygaz, whom she later marries.

***

My mind still holds an image of my grandmother with her small Bible in her hand. She took it with her, wherever she went and read in it, though it remained a mystery to me how she could read the tiny script. She, who had never received an opportunity to go to school, had taught herself how to read and write Turkish. The reason for doing so was that Haygaz had been pulled into four years of military service, leaving letters as the only means of communication. Azaduhi never learnt Armenian, even though her mother, who had learnt the language in church when she was young, could speak fluent Armenian. She had never taught her child however, for it remained risky to speak Armenian in public. All Armenians in Turkey lived in constant fear. So it was better and easier, if Azaduhi, who was still a child, only learnt Turkish, to avoid the risk of accidentally falling back into Armenian.

When Yaya then became a mother herself, she wanted her own children to learn Armenian, so she sent them to a private Armenian school. My aunt Suzan told me that even at that time, Armenian was frowned upon in the streets of Istanbul. For instance, public transportation showed signs of "This is a Turkish bus; Turkish must be spoken." So my aunts and mother never spoke Armenian outside of school or the house.

***

Haygaz approached Naringul asking her for Azaduhi's hand. Naringul replied he should send his parents, as traditionally they need to ask for the bride-to-be's hand in marriage for their son. But his parents were already dead and Naringul asked him to send other relatives. Haygaz explained that his relatives then might ask for Azaduhi's hand in the name of their own son, which is why he had come on his own. Naringul then asked her daughter whether she wanted to marry this young man. While unsure, my grandmother allows her mother to convince her and agrees to the marriage.

***

My grandfather died when I was one year old. I only know him through my mother and my aunts, who portray him as a humorous man and a good storyteller. He was passionate about politics and history. During elections, the whole family gathered at an inn. Azaduhi, too, showed interest in politics – but the two did not have the same opinions. Yet regardless of what their differences were, she always told her husband: "You are and shall always be the crown on my head, as long as you live." My mother used to accompany Yaya to elections and was even allowed with her into the small voting booth separated by a curtain – so she always knew how her mother voted[53].

***

Haygaz was trained as a shoemaker and earned good money. He opened his own shop and the family decided to adopt a Turkish name, to encourage business success – for most Turks did not enter an Armenian store. Armenians, while stubborn, are pragmatic, as well!

***

Every year at Christmas the children could wish for a pair of shoes. The decided the style, the type of leather and the color. Even today, my mother gets excited about these shoes. Haygaz always had good business ideas. He was known to say: "We survived by chance, we've looked death in the eye and have nothing more to lose. So let us make the best of it!" My grandfather was the greatest and only worldly love of my grandmother; but her first love was Jesus Christ. She

---

[53] Women's suffrage in Turkey was introduced already in 1933, fare before Switzerland-

always said: "If we pray, everything will come out well." My grandfather, on the other hand, was a socialist; he often responded by saying "Oh, can't you let Jesus have a brake." My grandfather always knew how to make the whole family laugh.

***

When my grandmother gave birth to her first daughter, Suzan and had her birth certificate filled out, the authorities noted the wrong family name on the birth certificate. It read "Cicek" instead of "Karanfil".

Haygaz was drafted into four years of military service, but after his return the couple has seven more children – six girls and one boy. My mother Agavni is the youngest among them.

***

Until her wedding the wrong name was listed in my aunt's passport. Of course Azaduhi complained to the authorities, but the officials responded that the names would be practically identical. "Karanfil" means carnation and "Cicek" means flower. They said that carnations were flowers anyway[54].

***

---

[54] Later in Nazi-Germany the Jews were humiliated by purposely giving them wrong names.

One child after the other left Turkey. Three sisters emigrated to Cyprus, one moved to Greece and the son and three of the sisters came to Switzerland. Only the parents remained in Istanbul. In 1985, Azaduhi and Hayaz also decided to leave Turkey and relocated to Switzerland.

***

In Switzerland, Yaya pursued her grandmotherly duties and often supervised her grandchildren. She did so with great love, yet if one was not obedient, her Armenian temper could get the better of her and my cousin Manon told me once how she could run after her grandchildren with a warning finger. I never experienced her that way. When I was born, Yaya was already older.

Yaya and Haygaz appreciated living in Switzerland; everything was clean, orderly and correct. But our country was as little a home to them as Turkey had been. Armenia – though not necessary today's Armenia – was there home, even though they had never set foot in it.

My mother attempted to organize a visit of her parents to today's Armenia, but they never received permission to enter the country – because in a twist of fate they had Turkish passports. The other Armenian "homeland" is the Christian faith. After my grandfather's death, my mother arranged a trip for Yaya and her sister to Israel, where they travelled the country and visited the birthplace of Jesus. Already when my mother had been very young, her mother had travelled to Israel with a few of her siblings in order to visit her own mother, Naringul, there.

When I was four years old, my grandmother, my mother and I went to Eilat for vacation. As a child I suffered from neurodermatitis. My children's doctor had recommended for us to visit the ocean, believing salt water would be good for my skin. In Israel, we undertook a trip to the Dead Sea, for in no other body of water more salt can be found. It was not exactly the fun splash that I had been hoping for, as the salt burned on my skin. So instead of bathing in the sea, we covered ourselves with the mud that is sold there and which is said to be good for skin. Whether the mud truly had healing powers, I do not know. All I will remember is the great fun I and my unforgettable grandmother Yaya had.

***

Silva, the niece, organized a surprise for her grandmother Nazeli the Easter of 1989: a flight for Azaduhi and her sister Yercanig to California to visit their half-sister. The local paper "The Fresno Bee" published a very moving article about the reunion of the three sisters. The article closes with the following sentence: "The three sisters who shared the painful experience of the massacre."

My grandmother "Yaya" Azaduhi Karanfil died on March 9, 2009 in the retirement home Tertianum. No one knows, how old she was exactly.

Meine Grossmutter und ihre älteste Tochter Suzan

Time stands still

After the French government publicly recognized the Armenian genocide, a French law in 2011 made denying the genocide against Armenians a punishable offense. On the day the National Assembly passed the bill, about 1.000 people of Turkish descent took to the streets to protest the decision. The Turkish government reacted as well and withdrew its ambassador from Paris. The Swiss government has repeatedly refused to publicly acknowledge the genocide against Armenians. It argues that this decision had not been recognized at government level in other European countries. The government restricted itself to "condemning the events" and a recognition by Swiss parliament in 2003[55]. What a disappointment for Armenians living in Switzerland!

The genocide against Armenians is now 97 years in the past – a short time, historically speaking. For the Armenian people, who have yet to receive the due attention of the world, time stands still. Many people have forgotten the Armenian genocide – and many young people have never heard of it. While 22 countries, including Russia, Canada, the Netherlands,

---

[55] http://www.nzz.ch/aktuell/schweiz/tuerkei-calmy-rey-1.13884060

Sweden, Italy and France, have recognized the genocide[56], the Turkish government remains too weak to acknowledge this genocide – even four generations after it happened. As mentioned above, there can never be a justification – but it is time to acknowledge the facts and apologize. We are waiting!

---

[56] http://de.wikipedia.org/wiki/Völkermord_an_den_Armeniern#Bewertung_durch_internationale_Organisationehttp://de.wikipedia.org/wiki/Völkermord_an_den_Armeniern#Bewertung_durch_internationale_Organisationen

There is a time for everything, and a season for every activity under the heavens

a time to be born and a time to die
a time to weep and a time to laugh
a time to search and a time to give up
a time to be silent and a time to speak
a time to love and a time to hate
a time for war and a time for peace

from Ecclesiastes 3:1-8 NIV